助けがたくさん降り注ぐ身

しあわせ護心術

ラジオパーソナリティ
近藤さや香

はじめに

私はあまり本を読まない子どもでした。小説も漫画も雑誌も自ら手に取ることはなかったのですが、母は寝るまえによく読み聞かせをしてくれました。少しずつ物語を追うことに慣れていった頃、宮部みゆきさんの『レベル7』を渡され、夢中になって数日で読み終えた記憶が私の最初の読書体験かもしれません。

その後、同じく母がいつまでも読んでいた『別冊マーガレット』を共に楽しむようになり、お手洗いに置いてある『婦人画報』を見てフェラガモのトレンチコートに憧れるまで（?）になれました。

次は自分が子どもに本の楽しさを教える番になり、今では週末は一緒に図書館で選書する時間を大切にしています。

本には知識だけでなく、気持ちを切り替える力や引き込ませる魅力があります。ですがこの本にはそんなカッコいい効能はありません。皆さんが日々頑張り、毎晩「はぁ、疲れた〜」ってベッドに横になる時に、適当に開いたページを読んで、ふっと力が抜けてくれるといいなと思って綴ったものたちです。タイムラインどおりではないのでどこから開いても良いし、ページをめくることなくいつでも寝落ちできますよ。睡眠大事。

そして私の仕事柄、さまざまな分野で活躍している方々とのお話を日々、聞くことができているので、一人占めするのはもったいない！　ということで、そこで気づいたり学んだりしたことも織り交ぜています。これに関しては日めくりカレンダーが作れるほどなので到底書き切れないのですが、僭越ながらお福分け。

こんな感じで毎日結構楽しく過ごせているので、何かヒントになることがあれば盗んじゃってください。そしてちょっぴり、近藤さや香がどんな人間なのかも知ってもらえると嬉しいです。

しあわせ護心術　目次

みんなアイドル

物事を説明する時って固有名詞を使ったり情景が思い浮かぶような話をしたりすると伝わりやすいですよね。イメージしやすいですし。私は自分に起きた面白い出来事を同じように笑ってもらいたいからか、よく身振り手振りを交えて時に物真似もして説明します。そしてどんな状況だったのかが相手に伝わり、笑ってもらえると手ごたえと達成感があります。これはおそらく〝伝えられる側〟の体験もあってのことかもしれません。

私は20代後半にSDN48というアイドルグループで活動していたのですが、公演後やCD発売イベントなどで握手会を行うことがあり、観に来てくださったファンの方たちと少しの時間、対面で会話ができました。ありがたいことにたくさんの応援や励まし、フィードバックなどをいただけるのですが、その際に具体的に褒めてくれるような言葉をいただくと、いつも自分の中に残りました。

「サビ前に並んでポーズするところの顔の角度の見せ方が可愛かった」とか「ペアの振りのところの手の表現が綺麗で好き」とか言ってくださるんですよね。本当によく見てくれていないと出てこない言葉。それがわかるから伝わってとても嬉しい。この気づきは私のキャリアの上での原体験だと自負しています。

プライベートでも職場でも、自分がアイドルになった気分で【伝えられ方】や【伝え方】を意識してみると、思っているよりコミュニケーションはスムーズになり、人間関係もより楽しくなるかもしれません。

愛のボックス

先輩ママたちからよく言われていた言葉「保育園は神だった」の意味が最初に体感できたのは、小学校1年生の夏休みでした。学校が休みの間も学童があってありがたいなぁとしか思っていなかったのですが、いざ休みに入る数日前に実感するのです。学校と共に給食様もお休みになるということを。

お弁当作りをする親御さん皆が一度はぶつかる課題がそのメニュー。家でも献立を考えて食事を作り、家事は料理だけではないのに翌日のことも踏まえて作り置きをしたり、朝から焼いたり揚げたり冷ましたり大忙し。

ある夏の終わりに子どもたちを連れて集まって花火をしていた時、タイムリーなこともあり、やはりママたちからこぼれてきたのはお弁当の大変さ。

「夏は特に管理が大変でいつもより1時間早く起きないといけない」

「焼きそばばかりになっちゃう」

「保冷剤だけじゃ不安だからゼリーも凍らせて入れる」

など、お弁当情報だけでひと盛り上がりするほど共感の嵐。そして先輩ママたちはどのスーパーの冷凍食品のラインナップが豊富か、どの商品が子どもにウケたか、などさまざまな有益な情報を与えてくれ、迷えるママたちを救い出してくれるのです。

もう冷凍食品が手抜きと言われる時代ではなくなったことは、実際に子どもにその日のお弁当の中で一番美味しかったものを聞くと証明されます（ちょっと切ないけど）。その裏づけられた事実を持って、胸を張ってもう1時間寝ましょう。得した気持ちで幸せな一日を過ごせるかも。

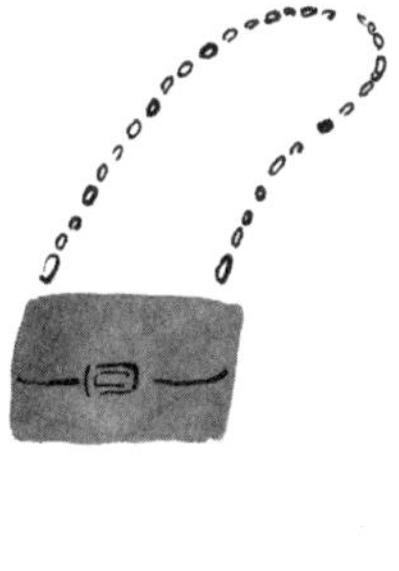

具体的だからリアル

私はお寿司が好きです。町のお寿司屋さんから回転寿司まで全部好き。中でも立ち食い寿司が大好きで、人気のお店だと朝から2時間近く並んで食べに行ったりする。そんな趣味に付き合ってくれる友達もあまりいないので一人ひっそり楽しんでいます。そしてお寿司が好きだと言うと大抵、

「銀座の高級寿司でしょう?」

と言われます。全然そんなことないと毎度答えるのですが、こういった仕事をしているとなぜかそんなイメージがあるようだとわかりました。

なんだかモヤッとしていたのですが、先日、週末の混む時間でも『はま寿司』のアプリで予約したら待たずにすぐ入れて楽だったという話をしたら、

「えっ、回転寿司行くんだ!」

「いいね、そういうの!」

などとウェルカム度が明らかに違うリアクションをいただきました。

私自身は何も変わっていないのですが、ここで学んだのは〝具体的に〟話すと、より〝リアルに〟イメージできるということ。相手が想像しやすく話すことって大切。息子の学校の作文でも、具体的に説明してある箇所に花まるがついて褒めてあったことを思い出しました。

自分の気持ちが上手く相手に伝わらない、誤解されやすい、なんて悩んでいる人には是非試してほしいです。しかし美味しいですよね、はま寿司の旨辛ネギ盛りシリーズ。

焦らなくてもOK

30代後半になってNiziUにハマりました。『Nizi Project』というオーディション番組でメンバーが成長していく姿を見て、気づいたら箱推し状態に陥るのですが、私が見始めたのは開始後しばらく経ってからでした。この話を熱く友人に語ると、トレンド情報が早い子に「遅い遅い！　デビューメンバーもう決まったでしょ！」と返され、楽しんでいた気持ちがなんだかしょんぼり気分に。ですが、私も毎日番組で新しいことやものに触れていくうちにトレンドをいち早くキャッチしている気になりかねない。実際の世の中の流れや認識とのズレには気をつけようと思いました。

そして時を同じくして、お仕事であいみょんの音楽に出会い、インタビューでお話を聞いて彼女の魅力に触れ、地元でのライブを観に行くことになりました。息子を実家に預ける際に、母にどんなアーティストのライブなのか有名曲を歌って説明したものの「へぇ知らないわ」とバッサリ。

ですが先日、母がテレビCMを観て「あ、この曲好き！　いいよね〜」と口ずさんだのは、まさかのあいみょんの『マリーゴールド』。3年ものタイムラグ。でも忘れてはいけない世の中の認識とスピード感にハッとさせられました。

会話の中で自分の知らない情報が出てくると自分の疎さに凹んだり、逆に「最近のモノ全然知らないわ～」なんて謎のスタンドプレー的発言をしてみたりしちゃうことってありますよね。でも焦っても焦らなくても素敵なものは必ず皆に届きます。早い者勝ちではないのです。家族でカラオケに行ってマリーゴールド一緒に歌うのが楽しみだな。

【長い】&【しつこい】

職場の上司やママ友の話が、同じ話の繰り返しで「長いなぁ」って思ったことある方、結構いますよね？　周りも誰も突っ込めないから何度もループしちゃってるアレです。自分も「年を重ねるにつれて注意してもらえることが減るから気をつけよう」って日々思っているんですけどね。

私の出演するラジオ番組ではシェア畑を持っているのですが、畑を紹介するとなると、どうしてもスタジオにいる私ではなくリポーターが中継してくれることが多くなります。でもじっと座っていられない性分の私はある夏、「自分も行きたい！」と思い立ってスタッフと畑を訪れると雑草が生い茂っていました。楽しい収穫や水やりをイメージしていったものの、炎天下の中1時間以上やったのはただの草むしり。当然その記憶が強く残りました。

そこからが問題なのですが、翌日のオンエアでそんなエピソードを話したにもかかわらず、それ以降季節が変わって畑のリポート先から話を振られると「美味しそうですね、私が行った時は雑草が～」「今の時季は草むしりも辛くなさそうですね」って何度か言っちゃってるんですよ！　実にしつこい。野菜ですらトマトやキュウリから大根やじゃがいもの話題に移り行くのに、私はカッチョ悪い雑草ループ。

とにかく【長い】【しつこい】は非常に危険です。周りに引かれるまえに気づきましょう。

何度も同じフレーズ繰り返してカッチョ良くなるのはラップだけです。

美味しい言葉

日本語って難しいですよね。私はアメリカの帰国子女ですが、逆じゃなくて良かったとよく思います。世界的に見ても難易度の高い言語だと言われていることに納得する日々です。その難しさの理由の一つで興味深いのが、時代に合わせて新しい言葉や意味が生まれるところ。

例えば「敷居が高い」とは本来、不義理や無礼があって相手の家に行きにくい時に使われる言い回しですが、最近は「ハードルが高い」と同じように、高級で気軽に行きにくい時に使う人が増えてきています。これがたとえ誤用でも、利用者が増えることで後者へ意味が変化することがあるようです。

最近だと『Twitter』が『X』になったという変化は万国共通ですが、私は番組内である日突然「Xにポストしてください」なんて妙に気恥ずかしくて言えず、タイミングを逸したままいまだに「Twitterにツイートしてください」と言い続けています。

変化する時代の言葉に無理なく順応していく際に、自分の中でこれなら言えるかも、というポイントを探す作業はビュッフェで好きなものを選ぶ感覚に似ていて楽しい。共有？　投稿？　拡散？　いや、「是非ＳＮＳでも参加してください」なら伝わるし、自分も心地悪くはないからこれにしよう！　こうして腑に落ちる瞬間は、タイ料理のビュッフェでプーパッポンカリーの大皿から大きめのカリカリのソフトシェルクラブを見つけた時の幸せに似ています。わかりにくい？

会話に必要不可欠な【言葉】が豊富で柔軟な日本にいるからこそ、力まず好きなものを選べば良いと思います。自分の口を通るものはすべて美味しくあってほしいですよね。

夜はワクワク

同級生で集まると、会話の大半が恋バナだったのが徐々にパートナーへの不満や子育ての大変さ、そして最近では健康や保険、お金の運用の話が出てくるようになりました。20代の頃はまさか自分がそんな面白くなさそうな会話をするとは思ってもいませんでした。でも帰り道に思い返すと、見事に健康の尊さを噛みしめている自分がいたりします。関心事が世代で変わるのは噂どおりだったんですね。

そんな中、久しぶりに連絡をくれた幼なじみが最近、気力や体力が落ちて一気に老け込んだのに、私のSNSを見ると見た目があまり変わらないから「何か良いサプリでもあるのか？」と聞いてきました。そんなドラキュラみたいな薬があるなら私も飲みたいです。

でも気持ちの部分は気力や体力に大きくつながると感じています。以前番組に出演いただいた桐島かれんさんから聞いたお話で、かれんさんのお母様が一日の時間帯を人生に喩えると早い時間は若く、夜になるにつれて歳を重ねるので、夜はなんだかワクワクするから人生はどんどん楽しいものになるというエピソードがとても素敵に感じました。たしかに子どもの頃は夜更かしに憧れたし、大人になっても夜の予定にドキドキすることもしばしば。楽しみなことが増えるとやる気も湧いてくるし、さらにトキメキまであれば日々の活力にもなります。

健康って美しい。美容に無頓着な私が参考になるかはわかりませんが、美容院では白髪がバレにくいカラーリングをしてもらいつつ、横浜流星くんのインスタを眺めています。細胞の活性化。オススメです。

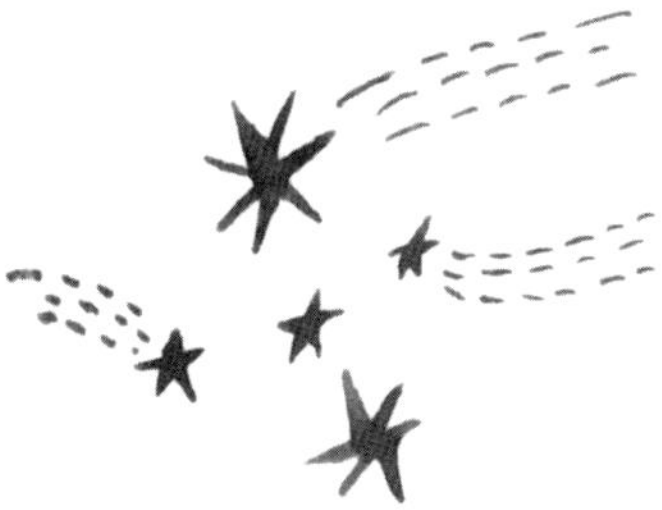

眠れない夜

早寝早起き、毎日同じ時間に寝て起きる。体にも心にも理想的な生活リズムですよね。わかってはいるけど仕事や家事が終わらなかったり、ドラマやお酒の会が楽しかったりで夜遅くなってしまう日もあるのは仕方ない。むしろロボットのように一分狂わず生活できている方なんていないかと思います。

でも物理的な理由ではなく眠れなくなる夜ってありませんか？　その日のコミュニケーションが上手くいかず消化不良になっていたり、翌日の予定を思うと不安になったり。そんなこと子どもの頃から繰り返し体験しているはずなのに全然耐性ができないんですよね。取り除けば解決するかもしれないその原因は、ベッドで寝転がっていてもなくならないこともわかっている。お詫びのＬＩＮＥは今すぐに、明日の仕事を就寝まえに再チェック…それをするには気が重い。もしくはもっと漠然としたモノだとしても、本気で原因究明に取り掛かったら心が疲れちゃう。

それもう、ただ、眠いんです。羊なんて数えるのは今すぐやめて、お風呂に入り直しま

しょう。寝るまえの体温を一旦上げてから下げる、をやり直してみると意外とやってきます、最後の一押しが。あとはまた明日☆

そのままが本物

拍手喝采。止まらない涙。

安室ちゃんの東京ドームでのラストコンサートで私はひたすら涙して拍手を送った。言葉を発することもなく、ただただ、その時自分の感じるままに。

心の底から感動したり、驚いたり、怒ったり、喜んだりする時、咄嗟《とっさ》にスラスラと言葉が出てくる人はどれくらいいるのでしょう？

自分に正直でいると、心はとても楽です。でも社会で生きる以上、自分都合ばかりではいられないのでついそれっぽい発言をしてやり過ごそうとしてしまうこともあります。

ある日ラジオ局で打合せをしていると、先輩ＤＪが生放送中でした。その日ゲストに迎えていたミュージシャンの生演奏は素晴らしく、先輩がどんな受けコメントをするのか気になり聴いていると、

「はぁぁ〜♡」

まさかの溜息と拍手だけ！　なんて素直な反応なんだろう！　電波で言葉なくして感動

が伝わった瞬間だったのです。目（耳？）から鱗だったのと同時に、喋る仕事を始めて早い段階でこの瞬間に立ち会えてラッキーでした。

　これは感動した時だけではありません。サプライズパーティーに驚いて幸せな時でも、パートナーに嫌味を言われて応戦できず腹が立つ時でも同じです。嬉しさのあまりフリーズしてしまったり、ムッとして表情がすべて消えたり――自分の中に正しい言葉が存在しないのなら無言だって無視だって良い。それこそ嘘がなく正直な状態ということ。ひねり出すその場限りの言葉より、本物を。

ひとりの時間

家事、育児に休みなし。時給換算すると最低賃金以下。

そんな頑張る女性たちの声も最近では少しずつ広がり、世の中に認識されるようになりました。とはいえ男性の育児休暇取得率はなかなか上がらないので、子育て中は特に一人時間を作るって難しい。好きな時に美容院に行って用もなくショッピングするハードルの高さたるや。

ちなみに私は、「ボサボサヘアはもしやオシャレなんでは？」と思い込むことで産後半年をやり過ごしましたが、過去のＳＮＳを今見返すと普通にボサボサでした。恥ずかしい。

ですが目の離せない乳幼児と暮らす中で、リフレッシュ時間を捻出するのに非常に成功したと思えるものがあります。私は入浴中にダラダラと小説を読むのが好きなのですが、これを可能にするべくお風呂の扉を開けてバスマットとタオルの上に赤ちゃんを寝ころばせそばで見守りながら入浴と読書をしていました。まったくお行儀が良くないのですが、乳幼児を抱えるママはお行儀より休息を優先したほうが良いと思います。

私は突然訪れる社会から切り離された感覚と赤ちゃんとの静かすぎる時間に不安を覚え、やけに暴力的な描写のある小説ばかり読んでいた時期がありました。思い返すと自らに刺激を与えてどこかでバランスを取っていたのかもしれません。

家の中くらいはお行儀が悪くても罰は当たりません。心が疲れを自覚するまえにプチ一人時間でリフレッシュしてください。救世主となったブカブカの本たちは、今も本棚で私を見守ってくれています。

失敗こそ口にして

ここ数年、週末は図書館で本を借りてくるのが習慣となっているのですが、先日『しっぱいにかんぱい！』という宮川ひろ先生の絵本を息子と読んでいて自分に起きた出来事とタイムリーに重なりお話がストンと胸に落ちました。

主人公の女の子は運動会で大きな失敗をして塞ぎ込んでしまうのですが、周りの人の失敗談を聞いていくうちに心を開き自分の失敗を語れるようになり、それに向き合うことを学ぶという内容でした。子ども大人関係なく、傷が乾かないうちは認めたくないし、触れたくないものですよね。

この本に出会う数週間前の朝――

「ママー！　今日お弁当じゃなーい？」

と通学路で振り返る息子の呼びかけでその日は給食がないことを忘れていたことに気づき、顔面蒼白に。大至急コンビニへ駆け出すも残暑の厳しい日に保冷袋も保冷剤もないのは危険と察知し、Uターンして家まで駆け出す。そして時計を見てやはり完全遅刻だから駄目だと急ストップ。通学路を言葉どおり右往左往する私は泣きそうになりながら職場のスタッフに電話で状況を説明し、昼前後の仕事のスケジュールを調整してもらい、生放送後コンビニに寄って学校へ向かうことに。

そんな息の上がったあとの番組オープニングトークは当然今朝の失敗談。出来立てほやほやの傷です。自分は全然面白くないのですが、向き合ったことで驚くほどリスナーの共感や広がるエピソードメッセージが届き、気づいたらそれらに癒され勇気づけられていました。おまけに放送を聴いていた友人たちからは、「学校にお弁当届けるよ」なんて救いの連絡が何件も来て、人とのつながりの素晴らしさを感じられる日となりました。

穴があったら入りたいような失敗談こそ勇気を出して吐き出してみると、人との距離は縮まります。完璧な人なんていないですもんね。

ちなみに、その日コンビニランチとなった息子は、さけるチーズをゆっくりさいて楽しめなかったほど、クラス中から羨望の眼差しを向けられたそうです。母はとても複雑な気持ちです。

治してください

季節の変わり目は喉の違和感から始まり副鼻腔炎になることが多いので耳鼻科に通います。肌荒れが気になると皮膚科にも行くし、コンタクトレンズの処方のために眼科にもかかります。どこの調子が悪いのかがわかる場合はためらいもなく病院に向かえます。ですが気持ちが沈んでひどく落ち込んでも、なんとなく精神科や心療内科にスタスタと向かう気になれないのは私だけではないはず。メンタル的なモノって目に見えない分、自分でコントロールできる気がしてしまうし、意を決して専門家に相談する以上は「さっさと治したいから対処法と薬をください」という謎の強気で自分を買いかぶってしまうんです。

20代前半の頃、自分に余裕がなくなって当時好きだった人と別れてしまい、落ち込んでモヤモヤと眠れない日が続いたことがありました。規則正しく会社員としてオフィス通勤し、アフターファイブをデートで存分に楽しんでいた私が、突然スウェットとスニーカーで早朝から終電まで慣れないアイドルステージのレッスンを受けてボロボロになって帰宅する日々。余裕がないので連絡も返さなくなり、たまに車で迎えに来てくれる優しさにも

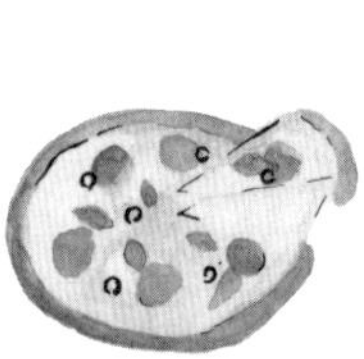

感謝が伝えられなくなっていきました。

ある晩、デリバリーピザを取ってくれたにもかかわらず一口食べた瞬間涙が止まらなくなり、身体中痛いし何をしてほしいのかもわからないし、何もかも面倒臭くなり軽くパニックになって別れることに。うーん、書いていてなかなかにワガママですね。

そして未熟さが故に気持ちが落ち込みすぎてステージを早退してしまったことがあり、そんな自分に驚いたその晩、精神科医の友人に相談をしました。しっかりリズムを戻すためにも眠れる薬や心の安定するような薬を出してもらえないかと聞くも、その状態を治せる薬なんてない、とバッサリ。「今は氷の上に立ってて、その場を抜け出したいから早足で歩こうとムキになってる。でも早く足を出すほど滑って同じ場所に居続けるだけだよ」と説明されました。私はこの時の説明がやけに記憶に残っています。

自分の傷の治療法がわからない時ってありませんか?

傷つくまえの護心術、習得したいですよね。悩んだり落ち込んだりすると、早くその場を抜け出したくて前に進むことに固執してしまいます。でもゆっくりゆっくり一歩ずつ、確実に。だって前は見えているのだから。

飛ばずに走れ

2012年の新年度、28歳になった私はおよそ3年間のハードなアイドル活動を終え、仕事の場を現在の事務所へ移しました。ありがたいことに引き続きさまざまなメディアの現場と出会っていくのですが、仕事を終えてマネージャーに「今日はどこがダメだったかな？　次はもっとどうしたら良いかな？」とフィードバックを求めていました。これはこれで振り返り方の一つだとは思うのですが、一度この話が長くなった際に、なぜそんなに不安がるのか不思議な顔をされたことがあります。

自分が自覚する原因としては、前職のアイドル現場ではほぼ必ず【ダメ出し】の時間があったから。これが事務所を移籍した日を境に突然なくなり、「自分にはもっと頑張れることがあったのではないか？」「何も言われなくなったのはあまりに出来が悪かったからではないか？」と日々不安が募っていたのでしょう。ある日、別のマネージャーに一連の出来事を話してみると、

「こんなに楽しく終わってそれが仕事になってるなんてラッキー！　って思ってごらん。

不幸好きになったら駄目よ」

と言われ、ハッとさせられました。

以前ラジオ番組に鳥類学者の川上和人《かずと》先生をお迎えした時、私の好きなハクセキレイはすばしっこく走り回ってなかなか飛ばないのはなぜなのか聞くと、「鳥だって飛ぶより走ったほうが疲れないのでは」と仰っていました。自由自在に飛べるのは鳥の最大の特権だと思っていたのに、驚きですよね。

他にできること、やれることがあっても、わざわざ大変な道を選ばなくても良いと気づかされました。

不幸好きにならず、素直に幸せを掴む癖をつけたいと思う毎日です。

超カワイイ♡

©PIXTA

体長21cmほどで、ムクドリよりやや小さめで細身。
頭から肩、背にかけては黒色または灰色、腹部は白色だが胸部が黒くなるのが特徴。

素直にごめんなさい

グループで活動していた時代は仕事内容によって行動人数が変わり、例えば新曲がリリースされたら表題曲のメンバー12人、グラビアなら企画によって4人や8人、などと現場ごとにまったく違いました。そしてグループ全体の冠番組も持たせてもらえていたので、時には40人近い単位でスタジオ入りします。これは結構なマンモス校の1クラス分ほど。しかも人前に出るお仕事なので全体的に個性強めで他人のことが非常に気になる人たちが集まったクラス。何より、常に【選抜】という大きな競争が視野にあるので少しでも目立って前に出たいという人がたくさんいる中、逆に悪い意味で目立つのは命取り。そんな異色な空間での番組収録のある朝、ぞろぞろとメンバーが入り各々のヘアメイクや衣装の準備をし、全員でスタジオのセットに立ちカメラが回り、タイトルコール！　MCの笑福亭笑瓶さんが和やかにコーナー進行をしだしたその瞬間、

「寝坊しました　ごめんなさいっ!!!」

と入ってきたのは私の仲の良いメンバーでした。たしかに朝からいなかったかも…。し

かし本気のすっぴんメガネでパジャマに髪グチャグチャ、明らかにアイドルとしてテレビに出てはいけないであろうルックスで登場する彼女に全員唖然。カメラもその姿を押さえるべくソロショットを撮るわけですが、その正直な姿がなぜか可愛く見えてきて今度はスタッフ含め全員大笑い。これは結果として「おいしい」と言えるのかもしれませんが、寝坊なんてつい「具合が悪くて〜」などとそれっぽい嘘を言ってしまいがちな失敗を、全力で謝罪に変えた彼女。その正直さが受け入れられる瞬間を目の当たりにしました。

誰にだって失敗はあるけれど、いざ失敗した時に取る行動こそ、その人の本質として見られてしまいます。日頃から正直でいることを心掛ければ、周りが見てくれている分、救ってもらえることも多々あります。のちのち嘘で苦しむくらいなら、いつだって自分のために正直に。

ちなみに彼女はその後、遊びの約束でもまったく遅刻をしなくなりました。やっぱりあれは恥ずかしかったはず。

おしりの話

私には「ちょっと恥ずかしい」なんてもはや思えなくなるほど悩んで苦しんで諦めて一生の付き合いを心に決めたことがあります。それは産後に出会った、痔。この世に楽なお産なんて一つもないので、経験された方はそれぞれの痛みや恐怖の体験談があると思いますが、痔の話は理解しあえる仲間が比較的多く感じます。おそらく男性も多くいるから情報交換がしやすい悩みでもあるのかもしれません。

「男性とおしりの話なんて…」と私も当然思うまえは思っていましたが、あまりにも苦しんだので恥ずかしいというステージはもうとうに超えました。今では職場でも「おともだぢ」が何人もいて、病院や薬の有意義な情報共有ができて少し安心するほどです。

体調が優れない時やどこかがとてつもなく痛い時こそ、健康でいたいと強く願ってしまいます。「どうか神様、これまでの不摂生を改めこれからは毎日健康のためになんでもするのでこの痛みをなくしてください！」って都合良く神様出てきちゃいませんか？

私はおしりが痛くなる度に「あぁもう唐辛子とか脂っこいものとかお酒とか炭水化物ば

っかり食べるのやめる！」と泣きそうになりながら、病院行きを逃れるべく食物繊維が摂れそうなものばかり付け焼き刃で食卓に並べます。

ですが先日、専門病院の先生とそんな話をすると、驚きの一言を返されました。

「水が足りてないだけだから」

バランス良く食事を取ることは栄養面としてもちろん大切だけど、私が近年最も心配する消化の最後の部分の原因はただの水だったなんて…（理由は皆さんそれぞれ違う可能性もあるのでしっかり診察してもらってくださいね）。

体の半分以上を作る水分こそ、まさに命の水、健康の礎《いしずえ》。暑い夏だけでなく、毎日こまめに水を飲みましょう。簡単なことこそ忘れないように。

みんな大好きお金とポイント

オシャレに楽しくショッピング。至福の時間ですよね。お洋服や靴、夕飯の準備のスーパーでさえも、お買い物って一番手軽にできるプチリフレッシュだと思いませんか？　ショッパーが腕と肩に食い込む帰り道はちょっとしんどいけども、消費によるストレス発散ってありますよね。でも無駄遣いは控えたいし、できれば得もしたい。

そこで賢くお金を使うために、クレジットカードやポイントの管理サイトを運営する『株式会社ポイ探《たん》』の代表取締役　菊地崇仁《たかひと》さんにお話を伺いました。200枚近く保有されているクレジットカードのお話も興味深かったのですが、驚いたのは、ポイントは消滅してしまうものもあるので【ためることにこだわらずどんどん使う】ということ。今やほとんどがアプリで確認できるからこそ、あの〝たまっていく〟感じを見るのがワクワクするのに…。そして何より「ポイントのために走り回らないで」と仰いました。

たしかに私には身に覚えがあります。目の前にSeriaがあるにもかかわらず、隣駅のモールのＤＡＩＳＯだとポイントがつくから歩いてお茶パックを買いに行ったこと。せっかくスッキリしたはずなのに、大荷物で執拗に歩き回って手に入れるのは1ポイント。菊地さんの「1円ですからね」という言葉がリフレインします。

1円を笑う者は1円に泣くけども、1円を追う者も1円に泣くのかもしれませんね。

ぷよぷよをツンツン

　これはジムでトレーナーさんにやってもらって本当に効いたので10年以上おうちで実践しているトレーニングの話。

　20代後半に入り、ビールの美味しさが染みるようになってきた頃、私はヘソ出し衣装で秋葉原を中心にステージで歌って踊っていました。「滝のような汗を流しているから毎晩ビール飲んでも平気平気！」と調子に乗っていたところ、自分のサイズに合わせて衣装さんにピッタリに作ってもらった巻きスカートがある日、ヘソ下に食い込みました。脂肪知らずの四半世紀を過ごしてきた近藤さや香の、初めての天然浮き輪との出会いです。当時のプロモーション曲ではセミをモチーフにした衣装だったのですが、思わず昆虫の体脂肪率を調べるほど動転しました。

　いつでも直してくれるスタイリストが同行しない地方遠征を翌週に控えた私が駆け込んだのは、普段ほぼ顔を出さないトレーニングジム。「このお腹の下のほう、来週までになくしてください」と泣きつくと、さまざまな体の部位の動かし方を教えてくれる中で、常にどこに意識を持って動かしてほしいかを指で【ツンツン】して教えてくれました。身体の表面にあるアウターマッスルや、体幹などのインナーマッスル、瞬発力に必要な速筋に対して持久力に必要な遅筋など、頭で理解した上で、今どこを鍛えているかをイメージすることが大切だったのです。

例えば普通の腹筋ひとつとっても、この30回はおヘソより下をツンツン、その次の30回は両サイドをツンツン。それだけで本当にそこに力が入るんです！　あの時ただ闇雲に「腹筋背筋100回やったぜ」と満足していたら、ワガママボディとして違う仕事の路線を進んでいたかもしれません（次の人生ではそれも挑戦してみたいけど）。

そして見事に巻きスカートを修正せずに着用できた私は、懲りずに今日もビールを楽しみながら、太腿や二の腕をツンツンしています。

袖を通せば

馬子にも衣装、襟を正す、衣食足りて礼節を知る、無い袖は振れない。

身に着けるものを使ったことわざは数多くありますが、個人的に好きな言葉が多いです。お洋服を見て試着して買うことが大好きだからかもしれません。つい手に取ってしまった明らかに好みのワンピースがすんごいお値段だと、すかさず試着を勧めてくる店員の方が恐怖です。袖を通してしまったら最後、絶対欲しくなっちゃうから。

でもそもそも試着って一番面白い時間だと思いませんか？　自分に似合うか否かを見定めるだけでなく、家にあるアイテムとどう合わせたら良いか空想する時間や、持ったことがない柄や形を試せる新しい発見の時間です。お洋服は着てみないとわからないことだらけなので、結果として無駄な出費をなくすことにもつながります。そして何より、鏡の前でいくつもの【初めての自分】に出会えるいわばコスプレ天国です。

先日、横浜市の加賀町警察署で一日警察署長を務めましたが、これはその道（どの道？）の極みでした。もちろんお仕事なので更衣室の鏡の自分を見て満足して終わるものではありませんが、終始警察官の帽子と制服を着用して過ごす時間は私の非日常です。気の引き締まる思いとともに、普段ない集中力や緊張感に触れたような感覚に陥りました。残念ながら撮っていただいた写真を見返すと、前職の癖なのか敬礼が完全にアイドルポーズになっていましたが。

中学生の頃から友達と試着室でお互い似合わない姿を見る度に大笑いしていた筋金入りの試着魔としては、たまに日常の姿に変化を作ることをオススメします。バッグやジャケットなどのアイテムからでも十分です。普段できないことに挑戦できたり、ちょっぴり大胆になれたり。なりきり術で、なんだかその日は別キャラになって新しいことに出会えるかもしれませんよ。

自省しなくて良い時

違和感を覚えたのは、ある日携帯アプリを整理していた時でした。以前、仲間と車数台で移動する際に、はぐれないように便利なGPSアプリがあると教えてもらいダウンロードしていました。ふと久しぶりにそれをつけてみると、都内の職場にいるはずの当時交際していた彼の携帯がなぜか千葉のゴルフ場にあると印されていました。予定を間違えていたのか気分でも変わったのかと思ったものの、その晩「職場に缶詰めだったから疲れた〜」なんて言いながら家に遊びに来た時、私の中で小さな猜疑心が生まれました。

しばらく経ったある日、「じゃあ24日は?」と洗濯物を畳みながら予定を聞く私は確信犯でした。「あ、そこは会食! 会食があるんだよね」と返ってきた言葉は想定内。数日前、仕事の準備をしている私の目の前でゴロゴロしながら携帯をいじる彼の画面には、その日に女の子とデートの約束を取り付けている下心丸出しのやり取りが映し出されていたからです。想定内だけど、念押ししてくる【会食】という言葉の響きにもムカつきを覚えました。

「なんだこれ…私は何をしているんだろう?」

それに脇が甘すぎる。私もなめられたものだと百年の恋も冷めた瞬間でした。

そこからしばらくは、取り繕った言い訳で丸め込まれないためにも静かに証拠を集めることに専念しました。呑気なことに彼は自分が薦めたＧＰＳアプリが自分の首を絞めているなんて露ほども思わず、平気で嘘を重ね他の女性と会っていました。

女の勘なんて、時になければよかったと思うほど自分を虚しくさせてくれます。でも一時的な悔しさや悲しさも、今となってはエピソードトークとして吐き出し、友人と笑って供養《くよう》しています。

人が取れる行動や、未来の可能性は無限なのに、時間だけは有限です。どれだけ情があっても、自分を傷つける人と過ごす時間はあまり有意義なものとは思えません。時間を大切にしましょう。

無意味に傷ついているほど人生は長くない気がします。

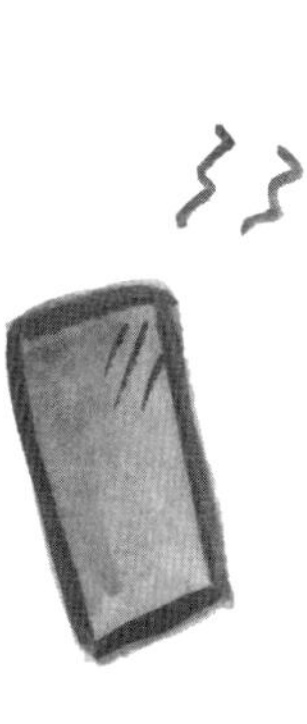

お焚き上げ

さて、恋愛で傷ついた経験は友達とネタにして笑って供養しているわけですが、そんなにすぐ整理ができて笑えることばかりではないものです。でも仲の良い女子で集まってする恋バナって本当に楽しい。可愛いノロケだったり赤面モノのオチに大笑いしたり、酷い目に遭った人の話で自分のことのように胸を痛めたり、感情と表情筋が休まることなく過ぎる数時間。何物にも代え難いですよね。

私は学生時代から日常に「つまらない日々をくだらない日々へ」という、しょうもないテーマを友人と掲げてふざける時間をとても大切にしていました。

そしていくつになっても楽しい恋バナ時間を、社会人になってブラッシュアップしようと試みたのが、【年間MVP企画】。

年末年始に仲間で居酒屋に集まり、その一年で起きた恋愛エピソードをそれぞれがメモ用紙に好きな数だけ書いて持参します。メモを箱に入れ、食事をしながらランダムに引かれたものを書いた人が発表していきます。そして最後に一番〝強い〟話を持ってきた人の名前を書いて投票しＭＶＰを決めるという実にくだらない飲み会なのですが、これが毎度爆笑の渦に包まれます。

激しい、面白い、情けない。どう考えてもこのＭＶＰは不名誉な気がするのですが、ここまで笑いが起きる場で頂点を極めると一種のカリスマ性が生まれるのか、翌年から皆日々を充実させようと過ごし出します。秋頃からは誰と会ってお茶をしても近況を小出しにせずに正月に向けて温め、プレゼンの仕方までイメトレする始末。

笑いあり、涙あり、嘘なし、脚色なしの夕食を終え、メモ用紙をまとめて向かう先は近くの神社。お焚き上げしてもらい、すべての念の成仏を願います。

こうして傷ついた心も一年かけて整理して、仲間の力あって癒されていきます。「悩んでいたことはちっぽけだった」と思えるくらい強くなれるのは、周りの仲間のおかげです。焦らずそばにいてくれる友達は、一生モノ。

いじわる力

番組の収録で、ドラァグクイーン（ゴージャスな女装をしたゲイのパフォーマー）のリル・グランビッチさんとお悩み相談を受けていた時のことです。その日は背が高い女性からのお悩みで、「どこに行っても身長をネタにされるし、通りすがりのお年寄りの方にすら身長が何センチかまで聞かれて、いじられキャラでもさすがに辛い」というお話でした。どんないじりでも許容範囲というものはそれぞれ違って、どう〝いなす〟かもその後の関係性に影響してくるから難しいですよね。

私は許容の限界ラインが見えてきているなら「あれ？　幻聴？　下のほうから声が聞こえるなぁ」なんてあしらって会話を終わらせたいと話すと、リルさんは大笑いしながら「時にはそういう〝いじわる力〟も大切だと思う」と言いました。

ただのいじわるではなく、ウィットやユーモアが伴うことが望ましいですが、そもそも外から飛んでくる攻撃を真っすぐ受け止める必要なんてありません。受ける攻撃すらも取捨選択すれば良いし、大戦争にならない範囲でなら応戦でスッキリすることもあると思います。よく「やり返したところで同じレベルに下がるだけ」なんて言いますが、私はスルーだけが自分を守る方法ではないと思っています。その時スルーしたはずなのに、あとからモヤモヤが自分にだけ残るなんてエコじゃないですよね。

面倒な仕事を部下に振ってばかりいる上司に「早く先輩みたいに仕分ける仕事ができるようになりたいです！」と言い放った友人は、一瞬の流れ星のような嫌味を盛り込むことに成功してスッキリしていました。

いじわる力は一朝一夕で身につくものでもないし、不要な体質の方も当然いるでしょう。でも世の溢れる攻撃にちょっと面白い返しができたら、気持ちが楽になりそうな気がしませんか？　そんな方は訓練やイメージトレーニングと称して、プッと笑える漫画やエッセイをたくさん読んでください。その時間も、その後の時間も、きっと心が軽くなりますよ。

行きたくないのはどうしてかな？

お子さんが学校に行ってくれなくて父親として毎日悩んでいる友人の姿を見て、何か手伝えることはないか…とお節介ながらに考えてしまいます。

子育てはそれぞれの家庭のことなので当然口出しなんかはできないけども、子ども同士で遊びに行く提案をしてみたり、その際にさりげなく学校での様子を聞いてみたり。聞き出せなかった話が引き出せるだけでも発見になり、その後の策につながることもあるかもしれません。

特定の授業やクラスメイトに不満があるのか、はたまた環境や空気なのか。原因は至って単純な場合もあれば、非常に複雑な可能性もあるので、とにかく登校させることだけ考えて突き進むことが正解なのかもわからないんですよね。

子どもの状況に当てはまる症状をネットで見つけては「これかもしれない！」とサイトを送ってきたり、スクールカウンセラーや先生との話し合いをしてきた報告を受けたり。そしてそんな親の心子知らず、朝起きられない日もあれば急にやる気を出してお友達と登校する日も。毎朝ジェットコースターのように心を振り回され、家庭の空気作りにも気を張りつつ、仕事では笑顔を絶やさない友人を見ていると心配でなりません。

精神科医の友人に聞いてみると、子どもの不登校は両親のスタンスが違うとそれを子どもは繊細に感じ取るため、まずは夫婦の足並みを揃えることが大切だそうです。無言の圧力を与えないためにもクリニックは両親揃って受診したほうが良いという旨を伝えました。

一喜一憂する日々の報告を送る相手くらいにしかなれなくて悔しいけれど、パパやママだって吐き出す場所が必要なはず。聞くくらいならどれだけでもできる。外に遊びに行くことだってそう。友人だもの、とことん付き合うよ！　良い時も辛い時も。

「ひとりの人間に戻りたい」

このタイトル（→）、すごいフレーズですよね。

5～6年会っていなかった友人と久しぶりに連絡を取った時のやり取りで飛び出したパワーフレーズ。最後に会った時は3人目の赤ちゃんを産んだ頃だったのですが、新生児の匂いやサイズ感に癒されて幸せそうにしていました。ですが当然その後の会っていない期間もハードな3人の子育ては続くわけで、忙しい日常を送っていたことと想像します。

連絡をしたのは、SNSで見かけた共通のなんてことない話題の情報共有だったのですが、久しぶりに話を聞いていると、娘さんたちの習い事にどっぷり浸かっている姿が見えてきました。フィギュアスケートに通わせているようで、ともなると送り迎えも大変な上にその業界の知識も身につけないといけない世界。私もテレビで流れていると必ず見るほどには好きですが、彼女は次から次へと大会や選手の新しい話をしてくれて、そんな習い事を一緒に楽しんでいる姿はとても輝いて見えました。でもふとした瞬間に、誰かの【妻】や【母】である時間しかないと感じたのかもしれません。

息子一人で手いっぱいな私は、複数の子どもを育てている方はみんな聖徳太子であり千手観音であり三十三間堂で並んで眠るのではないかと思っています。でも耳も手も２つずつで良いから「一人の人間に戻りたい」と言った友人の言葉は、10人でも36人でもなく千人以上の強さを持っていました。

そして「子育てをしつつもきちんと仕事をしたい」と言い、すでにレストランで料理の修業を始め、将来お店を開く夢を持って計画的に過ごしていました。言葉に行動が伴う姿は説得性があってシンプルにカッコいい。

ボケーっと見てたＳＮＳで見つけた小さな小さな発見でも、まめに友人に連絡してみるとそれだけで何倍もの刺激や発見につながることも。ゴロゴロしてる時でも指一本くらいはアンテナにしておきたい。

ちなみにそんな友人は送り迎え中によく私のラジオ番組を聴いてくれていたようで、オススメの選手の取材まで提案してつないでくれました。「一人」っていうか、すでに何人分の人間？

時代は繰り返す

ヒット曲や好きなアーティストの曲って、すぐ歌詞覚えてカラオケに行ける状態になりますよね。

って思っていたんですけど、何度聴いてもグッとくるOfficial髭男dismの『Subtitle』はメロディがわからなくなるし、ＹＯＡＳＯＢＩの『アイドル』なんて歌い出しから歌詞覚えられません。そんなわけないいんだけどな〜。

「やっぱり今時の曲って転調スゴイし、テンポも速いし、昔の曲と違って情景を思い浮かばせる歌詞の並びじゃないからかな？　なんならＣＤじゃなくて配信で聴くから物理的に手に取らないことも影響あるんだろうな…」とか御託を並べながらハッと気づきました。

これ、20年前に私の大好きな椎名林檎の歌詞デタラメに歌ってた母親の言い訳じゃん！

母乳神話

産後何年経ってもいまだに親友のお母さんの言葉が残っています。

妊娠がわかって産婦人科について話していた時。

「母乳神話にとらわれないでいいからね」

子育ては正解がないからこそ正解にしたいもので、他人に価値観を押しつけがち。まして病院となると方針や医学的根拠があって推奨することが主なので、下調べと心の護心術も意識して挑みました。幸い私の産院は母乳もミルクもアップサイドを教えてくれたので杞憂に終わりましたが。

そんなこんなで気が抜けた状態で乳幼児の息子を連れて公園に行ったある日。ベンチに腰掛けているとお散歩をしにきたお婆さんが近づいてきて息子を覗き込んで、

「あら、賢そうな赤ちゃんね。母乳？」

と話しかけてきました。耳を疑いました。時代の問題とかではなく、知らないオジサンやお爺さんに置き換えると、この気持ち悪さはより伝わるでしょうか。

帰国子女あるあるですが、咄嗟に出てくる言語は選べないことが多く、なぜか相手の母国語にまで配慮してしまい飲み込んだフレーズはこちらです。

It's none of your business（あなたに関係ないでしょう）

検索アルゴリズムに是非

玉ねぎを切ると目が染みて涙が止まらなくなるあの時間、つらいですよね。繊維の向きを気にしたり、コンタクトやメガネに換えてみたり、箸をくわえてみたり。ネットで調べていろいろ試すものの結局どれもピンと来ないから、泣きながら勢いよく刻みます。
そんな姿を見た息子、慌てておもちゃ箱から夏の盆踊りのうちわを持ってきて私の隣で仰いでくれました。

トントントントントン、パタパタパタパタパタ
トントトンパタパタ、トントトンパタパタ

どんな裏技よりも効果的。
ハンバーグ、美味しくできたね♡

好きな言い回し

同じような意味を持つ言葉や言い回しがいくつもあるのなら、当然好きな物を選びたい。言葉はあなたを形成するものだから。

例えば【可視化】と【見える化】。ベースのデータ状態に違いはあれど、文脈によっては意味は伝わります。伝わるのならば私は【見える化】って言いたい。なんとなく優しく聞こえる気がするという感覚的なもの。

逆に【飯テロ】とか【ゲリラライブ】や【美魔女】なども、その中の単語の本来の意味を考えてしまうから私はあまり使いたくない。なんとなく不穏、という感覚的なもの。【美味しい写真】で良いし【サプライズ】で良いし【綺麗な人】で良い。

この〝なんとなく〟、が正当な理由になるのも、〝言葉選び〟の魅力かもしれない。

無知は至福なのか不幸なのか

掃除機が壊れ、ついに我が家にダイソンがやってきました。しかしこの高級掃除機をかける度に思うことがあります。

無知は至福か不幸か？

ダイソンの最近の型に搭載されている緑のレーザーは、床のゴミやホコリを映し出します。ただその精度は想像以上のため、おびただしい量が目視できてしまい、仰天すると同時にかなり凹みます。

こんな空間に暮らしていたなんて「知りたくなかった」と思うのか、「知れて良かった」なのか。どちらが幸せなのだろう？

哲学っぽいことを考えちゃう自分に酔いながら、明日からは毎日かけようと心に誓います。きっとそんなこと考えないのが一番幸せ。

どうかそのままで

私の通うネイルサロンでは割と早い段階からNetflixを流していたのですが、当時観たいものはいまだにTSUTAYAで借りていた私に、ネイリストさんが意味がわからないという顔をしていたことを思い出します。

映像作品は、配信サービスが整うことでレンタルビデオが激減。閉館する映画館もこの影響を受けているのかもしれない。あの臨場感、好きなんだけどな…。

書籍が電子化されていくことで本屋は減り続けている。あの程よい静けさと匂い、好きなんだけどな…。

必要なものは環境に応じて形を変えつつも存在し続ける。もちろん淘汰されていくものもあるけれども、例えば最近は書店によっては書物だけでなくカフェや雑貨、子どもの遊び場などを併設させて一日いても飽きない素敵な空間に変化しています。レンタルビデオはリユース業界で事業を拡大して、世の中の再利用の流れに寄り添っています。

でもどうしても、広〜い湯船に浸かって一日の疲れを取ってくれる銭湯だけは、代わり

になるものが思い浮かびません。変わらないところに良さがあるタイルやカラン。どうか
物価や燃料の高騰でこれ以上減らないでほしいなぁ。

ここでしか聞けない話

メディアでインタビューの仕事をしている人たちは「限られた時間の中でいかにゲストから面白い話を引き出せるか」を日々考えていると思います。毎日のように初対面の方からお話を聞く。でもどれだけ経験を重ねても毎度、初対面は勝負であり、怖いものです。

喋り手の先輩で、いつも楽しくゲストとお喋りを繰り広げている明るくハンサムな方がいるのですが（端的に言うとイケメン）、

「オジサンになると10代のアイドルの子たちと何話して、どんなこと聞けばいいのかわからないんだよね〜」

と少し笑いながら話してくれました。こんなにいつもゲストと楽しそうに盛り上がっている人でも悩んだりすることに正直驚きました。

特にアーティストさんは新曲の話は他メディアでも何度もしていて、どんな曲で伝えたいメッセージは何なのか、などは調べたらどれだけでも出てくる情報になります。でもオンリーワンのエピソードが出てくるとそれを知れたファンは喜ぶし、そこから新たなファ

ンができる可能性が生まれる。そこまでいかなくてもその話に触れた人の記憶に残ってくれると嬉しい。そしてこれは聞き手冥利に尽きます。

一応アイドル経験がある私は、グループで活動するとなかなかメンバー個人の話を聞いてもらえた記憶がないので、例えばミュージックビデオでそれぞれのメンバーがカメラに抜かれる時に意識したことや挑戦した表情の話、撮影時に起きた面白い話などを聞くようにしています。これを先輩に伝えると、「なるほど、同じ立場を経験していると思っていたことが反映できるしさすがだね。今後は個々の話も聞いてみる！」と感心してくれました。イケメンは褒め方もカッコイイですね。

自分にしかできないこと、なんて大それた考え方はしなくても良い。でもせっかく話す相手がいるのなら「なんか楽しかったしまた話したいな」って思ってもらいたい。しかも私の場合はそれを聴いてくれる人がいるのだからさらに「なんか得した気分」になってもらいたい。

日常のどんなシーンでもそう思いながら人と話してみると、良い関係が作りやすいです。「また会いたい」は作れるものかもしれません。

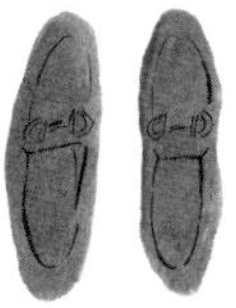

大人になってもオノマトペ

折ったり切ったり描いたり触ったりして、紙そのものを楽しむ本『ぺぱぷんたす』の編集長とお話をした時に改めて気づいたオノマトペの魅力。仕掛け絵本のようにページをめくるごとに知らない世界がどんどん飛び出してきて、パチパチと切り離したり、くしゃくしゃにして紙質を楽しんだり、それぞれが創意工夫して作品を作ることができるクリエイティブが詰まった素敵な工作本です。年に一度出版されるこの本を事前に手に入れて息子とせっせと遊んでいたのですが、本当にページをめくるごとに新しい遊びに出会えるので親子で夢中になりました。

各セクションの特徴を伺う中でオノマトペについて温かく語ってくれたのですが、それが見事に自然と息子との会話で出てきたオノマトペばかりでした。

さらさら　ざらざら　ぺたぺた　べたべた

耳で聞くだけでなく、手で触り、感じたことを口にする。この一連の作業の繰り返しが言葉の吸収や成長に非常に寄り添っていることを実感しました。

一見、子どもっぽくて幼稚なイメージがあるオノマトペ。でも実は大人の会話こそ、そのシーンや物に的確なオノマトペを使えると効果的です。表現力の豊かさにつながるだけでなく、意思疎通がスムーズに行えたり、想像力をかき立てて聴く側に強い印象を残したりできます。

そのためにも子どもが小さいうちから、会話にたっぷりオノマトペを使ってボキャブラリーを増やしてあげたいですね。ちなみに赤ちゃんが早くから言えるオノマトペは、ワンワンやニャンニャンだそうです。これはくれぐれも名詞としてではなく鳴き声として使えるようにシフトすることを忘れないように。

なんとなく、で使わない

本を読んだりネットサーフィンをしたりする中で、知らない言葉に出会う時…高揚感と同時になんでもすぐ検索できる世の中に感謝します。

私は寒くなると可愛い防寒アイテムを探すのですが、耳と首を覆う完璧なアイテムをネットで見かけるようになったこの冬。「こういうのを探していたんだよ～」とカテゴリー名を見ると

【バラクラバ】

と出てきました。初めて聞く言葉。知らない地域の言語っぽいし、ファッションアイテムにしては耳当たりが柔らかくないな、という印象を持ちました。

そこで調べてみると、クリミア戦争に従軍したイギリスの兵士が着用していた目出し帽が、戦ったその場所にちなんでそう呼ばれるようになったとわかりました。

今、最悪な戦争が起きているこの世界で、連想させるどころかそんな場所すらも語源となっていたとは。ニュースとして触れる単語ではなく、カジュアルユースなファッション

ワードとして自分の口から出すのはなんだか憚《はばか》られます。

トレンドをキャッチすることは楽しいけども、常用語にするまえに本来の意味や語源を調べてみようと思えたひとときでした。

ちなみにポチッて手元に届きましたが、完全に【頭巾】でした。

ニットのずきん、でヨシ。

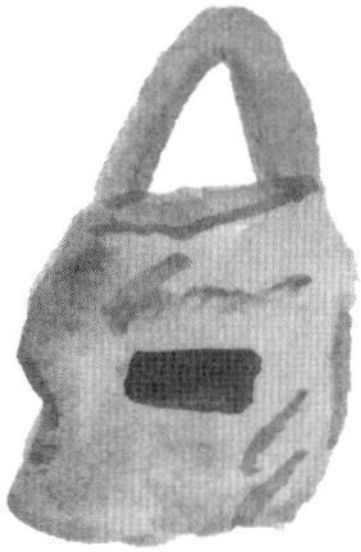

スカッとよりクスッと

世の中の矛盾に気づいた時って、妙に気持ちが良くないですか？　まるで物事に敏感に気づける人になった気になっちゃう。ピコーン！　って早押しボタン押したくなっちゃう。

例えば幼い頃から「我慢強くなりなさい」って教わってきたはずなのに、ある時「きちんと我を突き通せる人になれ」なんて言われて、「それは我慢と矛盾してるよね？」って言えた時。ちょっとスカッとしちゃう。

小さな話だけど、コンロやオーブンの汚れは熱いうちに掃除が鉄則、と言われてきたのに、ティファールのフライパンは使い終わってもすぐ洗っちゃダメと言われた時。

ノンシリコンシャンプーの流行でシリコンは髪に良くないって言われてたのに、軋《きし》むからコンディショナーはむしろシリコン入りが良いなんて聞く時。

間違い探しの答えが自分だけわかった時のような感覚なのかもしれません。

ある日息子が祖父の携帯をいじろうとしたら「まだ小さいんだからダメ」と言われてシュンとしていたことがありました。数日後、お出かけの帰り道に疲れたから抱っこしてほしぃとせがむと「もうお前は大きいんだから歩きなさい」と言われてしまい、「じぃじは小さいって言ったり大きいって言ったりどっちかわかんないよ！」と見事なまでに矛盾を指摘。笑うしかありませんね。あっぱれ！

矛盾は気づかれる側になるとちっとも気持ち良くないですね。大人になったらすぐにピコーンせずに、一旦寝かせてひとりでクスッとするに留めておきましょう。

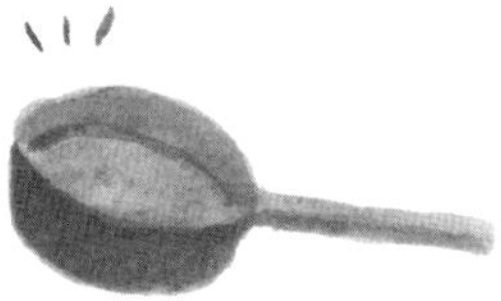

日本は死んでほしくないけど泣いちゃうよ

「保育園落ちた、日本死ね!!!」

匿名ブログで浮き彫りになった待機児童問題から8年。報告される待機児童の数字だけ見ると大幅に減少して改善しているように見えるけど、命を預かる保育施設がドカドカできて即解決、という問題でもないことは想像にたやすいですよね。保育士不足や隠れ待機児童、と次々と課題が見えてくる世の中ですが、私もご多分に漏れず保育園問題でたくさん泣かされました。いわゆる〝保活〟ですね。

私は朝9時からの生放送に出演していますが、最低でも1時間以上まえにはスタジオに着いていなくてはならないため、①早朝から開園している保育園を探すか、②毎朝送ってくれるシッターを探すか、③職場の近くで探すか、が選択肢でした。

東京の認可保育施設は区で分かれているので、複数区に申し込むことはできません。そして優先順位はポイント制。いかに保育を必要としているか証明するポイントを1点でも多く集めるために奔走します。0歳児から全員がライバルって…。

そして民間の運営する園はそれぞれ独自のルールを設けているので、見学や申し込みの情報収集も必要になります。ここでは番組プロデューサーに協力してもらいました。ある朝9時から早い者順で電話受付をする園につながるまでかけまくる、というものでした。9時はオンエアでリスナーの皆様に朝のご挨拶をしていますからね。大昔の「チケットぴあ」かと思いました。

同時に早朝開園ではない保育園に入れた場合に備えて息子を送ってくれるシッターを探すわけですが、これが一番難航しました。10社以上のシッター会社に問い合わせ、全社から「早朝でそれだけの日数に対応できる者がいない」という、ここでも人手不足を感じざるを得ない結果に絶望しました。望みをかけて待つ最後の会社の返答後、本当に途方に暮れて、鏡の中の自分に白髪を3本続けて見つけて泣きました。32歳でした。

さらに当時は東京都内から神奈川県に通勤していたので、距離もさることながら、県をまたぐとなると仕組みがすべて違います。ランクに数字ではなくアルファベットを採用する神奈川県では「県外の人が申し込むのであればIランクからの計算になります」と言われたことを、いまだに根に持っています。IはAから何番目にあるか、さっと答えられる人って一体日本に何人いるのでしょうか。女性なら馴染みのある下着ですらもなかなか見ないアルファベットですよ。

言葉どおり踏んだり蹴ったりな数か月を亡霊のように生きていたある日、紆余曲折あり保育園が決まり、いよいよ送り問題に直面。もう心が折れた状態でたまたま連絡を取っていた親友に一連のズンドコ話をこぼすと、知り合いのシッターに話してくれ、また別の親友が手を挙げてくれ、あれよあれよと友達の輪がつながり、翌日には送迎班グループが発足され担当曜日まで振り分けられていました。まさに地獄で仏、九死に一生どころか三生くらい得て大泣きしました。

友達は人生の財産です。自分にできることならなんだって進んでやろうと心に誓いました。

相槌のBPM

世の中に溢れる音って、実は心地良いリズムに包まれている気がします。お風呂が沸いた通知のカノンやアマリリスはもちろん、トラックの「バックします」やマクドナルドのポテトが揚がるティロリッティロリッ。機械音はテンポがズレることはないけども、人の話し声にもキーやリズムがあって、乱れや不協和音が生じるキッカケになるのが【相槌】。

会話の節回しは、息継ぎのタイミングで「うん、うん」があるから気持ち良く成立するはずなのに、ものすごいフライングしてくる人っていませんか？

♪①カエルの歌が――聞こえてくるよ――クワクワクワクワ――――
②――――カエルの歌が――――聞こえてくるよ――――クワクワクワクワ

といきたいところ、

♪①カエルの歌が――聞こえてくるよ――クワクワクワクワ――

②――カエルの歌が――聞こえてくるよ――クワクワクワクワ――

なんてこられたら①は歌う気なくしちゃうんですよね。カエルの歌は聞こえてこないし、餅つきだったら大ケガ。

人の話は最後まで聞いてからお返事しましょう。

セオリーにとらわれない

人と話す時は
・大きな声で
・ハッキリと
・相手の目を見て
と幼少期に習ったような記憶があります。そのせいか私は確信がある時の喋り方は圧が強くなりがち。思春期の女子あるあるの〝長いものに巻かれる〟やつで、とりあえず巻かれる子が周りに多くいたように感じます。面倒くさそうだから適当に合わせてくれていただけかもしれませんが。

でも大人になるにつれＴＰＯを学び、ボイスレベルの調整もできるようになります。引き続き相手の目を見てハッキリと話すことは基本中の基本ですが、例えばとてもシリアスな話題や、逆にくだらない笑い話をしている時に、ずっと目を離さず見続けると不自然な時もあります。

私はガン見されると、とっても話しづらい。特に初対面でなるべく心地良く話してほしい身としては、単純に「自分だったらどうかな?」と考えて、あえて喋りや相槌を伏し目がちにすることも多いです。さらに、共に悩んだり考え込む時なんかは小さな声でボソボソと、完全にセオリーの真逆をいくことすらあります。

喋り方のルールを気にしすぎて相手の心が閉じてしまったら本末転倒。セオリーなんかより、相手の心に寄り添うことが何より大切です。

銀杏《ぎんなん》のセオリー

メディアで話す時は気を使う言葉や言い回しが多々あります。放送禁止用語のような自主規制している言葉は比較的理解できているのですが、「妙に偏ってるなぁ」と感じるものもあるのです。

例えば【ニオイ】という言葉。

なんとなく「かおり」という言葉に言い換えて使う人が多いんですよね。たしかに漢字にすると、

香り（かおり）→良いと感じる

臭い（におい）→悪いと感じる

と分けられるし、「臭い」って「くさい」とも読めちゃうわけです。でも一方で、感情のない一般的な場合も「匂い」と書いて「におい」と読めるんですよね。

耳や脳はマイナスな印象を拾いやすいからか、どんなニオイの話も「かおり」と言い換えて伝えている場面によく会うのかもしれません。でも私は秋になる度にモヤるので言いたい。

銀杏は「におい」でいいでしょう。

朝のお仕事

今の私のメインのお仕事は、ラジオDJです。

DJといってもナイトクラブでフロアを沸かせるやつではなく、ラジオ番組の喋り手です。毎週月曜日から木曜日の午前中、横浜のみなとみらいにある『FMヨコハマ』のスタジオで番組を進行しています。

実は私が所属していたSDN48というアイドルグループのオーディション時から「ラジオで喋りの仕事がしたい」とプロデューサーの秋元康さんはじめ、運営の方たちに伝えていました。

グループに受かってからはさまざまなメディアや舞台に立たせてもらいながらも、常に目標のアピールを忘れずにいたことが、夢を叶えられた理由の一つだと思っています。

ありがたいことに、ラジオ局も日本中たくさん回らせてもらえたので、それぞれの場所やスタジオの雰囲気を肌で感じることができました。そして図々しくも自分の中で喋るならここがいい、と勝手に2つの局に絞り、まさかのその一つである横浜にご縁をいただけました。

「FMヨコハマに関わりたい！」と思った理由はとても直感的なものでした。グループの2曲目のシングルのリリース時にお邪魔したのが初めてだったのですが、みなとみらいのスタジオのエントランスに入ると眩しい太陽の光がたっぷり差し込んできたのが印象的でした。当時通路にあったロッカーボックスはアメリカの高校時代を思い出させるステッカーだらけのポップさで、その先の大きな窓からは遊園地のコスモワールドと青い海にかかるベイブリッジが見渡せました。

その日出演した番組で、聴きたい曲を聞かれたので目の前に広がる絶景を見て頭の中で流れていたBONNIE PINKの『So Wonderful』をリクエスト。完全に心を掴まれた私は「ここだ！」と思ったのを今でも覚えています。

今私が担当するFMヨコハマの『Lovely Day♡』という番組は、日常の中で小さな幸せを見つけて皆でシェアしていく、というとても温かい朝の時間。愛あるハッピーな日にするために一日一日を大切に生きることをリスナーの皆さんに教えてもらえています。新しい発見や面白い出来事を報告しあえる時間は、私にとってはカフェにいるような心地良い感覚で、番組開始の2016年以来一度たりとも「起きるの辛いなぁ」と思ったことがありません。時には悲しいエピソードや悔しい思いも行き交うからこそ、非常にリアルで嘘のない1分1秒を感じられています。

そして毎日新しい人と出会い、さまざまな専門知識や音楽に触れ、もっと深く知りたいと思える空間。「初めまして」は毎回怖いけど、少しでも不安にならないために準備するまえの夜があるからこそ、毎朝がLovelyです。

スタッフと

帯番組というのは、一週間のうち数日以上続けて同じ時間に放送されるもので、FMヨコハマの『Lovely Day♡』は月曜日から金曜日の朝9時からお昼までです。私はそのうちの月曜日から木曜日まで出演していますが、曜日ごとにディレクターやADが換わります。テレビとラジオではまた違ってきますが、FMラジオは音楽をたくさん流すので曜日ごとにスタッフの好みや考え方が反映されて、それぞれ違った魅力を持ちます。

私が知らないジャンルのアーティストに出会えたり、若いディレクターだと今時のブームを取り入れるのが上手かったり、逆に年配ディレクターにしか選曲できない世代の音を聴かせてくれたり。もちろん音楽だけではなく、お迎えするゲストにも少しカラーが見え隠れする時があって面白いです。

番組では毎週会議を行っていますが、読書が好きなスタッフが素敵な作家さんを紹介してくれたり、政治が好きなスタッフが選挙について詳しい人を提案したり。知らない楽器の演奏家をお迎えして生演奏してもらえた時なんて感動の余韻がしばらく続きます。

こうして日々新しい出会いがあって私が飽きていないということはとても大切だと、あるスタッフが言っていました。喋っている側だとつい忘れてしまいがちですが、私自身もリスナーの一人だからです。

私は1サンプルでしかありませんが、疑問に答えてもらって納得したり、懐かしい曲で熱唱したりするのはきっと聴いてくれている人と同じ。どんなリアクションをしてくれるかを日々考えてチーム全員で番組を作っています。

そして番組も長くなるほど出会いや別れもたくさんあります。制作スタッフは人事異動があるので、違う放送局や番組に行ってしまうと家族が離れ離れになるような感覚でとても寂しい。でも学生アルバイトの子たちが辞めて就職していく時は親戚の叔母にでもなったみたいになんだか誇らしい。そして新しいメンバーが加わり、「今が一番」と言える番組を日々作っています。

ちょっと孤独

これまで番組を「チームで作る」「皆で作る」と幾度となく綴ってきましたが、とは言えとても孤独だと感じることも多々あります。これはラジオの喋り手あるあるです。

ラジオのスタジオには、防音でほぼ無音の二重扉のブースがあり、そこの中にあるマイクの前で喋ります。テレビでよく見るADがカンペにマッキーで指示を書いて見せるような場面はなく、窓ガラスの向こう側にいるスタッフからの指示はトークバックボタンを押している時のみヘッドフォンを通して聞こえてきます。

通常、私がマイクに向かってオンエアで話すことをスタッフたちはブースの外で聞いているわけですが、そこで首を傾げたり謎のタイミングで笑っていたりする姿が見えると不安になるのです。

「私間違えた?」「ヤバいこと言っちゃった?」「原稿のどこだ?」

などと逡巡《しゅんじゅん》を繰り返すうちに時が過ぎていきます。しかも大抵あとから聞いても〝向こう側〟のスタッフは覚えていなかったり、全然関係ないことだったりします。そもそも放送中に無関係すぎる私語や、トラブルが起きても伝えないようなことがあるわけないのですが、見えるのに仲間に入れないこの疎外感は大きいです。でも今は、

「動物園の檻の中ってこんな気持ちなんだろうな〜」

と思うようになり、そのままの自分を楽しんでもらう居場所に喜びを感じています。

失敗から抜け出すには

初めての場所や、新しい挑戦があると、誰しも不安ですよね。それは失敗したくないからっ。不安で仕方ない人に「失敗を恐れず飛び込め」なんて、外野だから言える言葉ですしね。私も人を励ますなら安易に使っちゃうフレーズかもしれないけど。毎日が「初めまして」な職場にいる私は、何年経っても失敗を恐れ、何回やっても「もっとこうすればよかった」を繰り返しています。恥ずかしいけれども事実です。

よく、どんな大きな失敗をしてきたか聞かれますが、私の場合は面白くもない地味な失敗を何度も犯しています。中でも一番多い失敗は、やはり【相手の話を聴けていない】という致命的なものです。お迎えするゲストとお話しする際は、必ず聞き逃せないポイントやお知らせなどがあるので原稿があります。『Lovely Day♡』のスタッフはとても丁寧なので会話の流れを想定してたくさんの質問事項を用意してくれ、かつゲスト側にも事前に確認と許可が取れた台本を作ってくれます。ですが、いざ生放送でトークが始まると当然会話は生モノ。例えば質問リストに①朝の時間の過ごし方、②横浜エリアに来ること

は？　とあったとしても、相手の話を聞いていないと、

近藤　いつも朝の時間は何されているんですか？

ゲスト　この時間はいつもジョギングをしています。この近くにも来たりしますよ！

近藤　横浜にはよくいらっしゃるのですか？

ゲスト　…え？

　みたいなトンチンカンな質問をぶつけ続けてしまうわけです。キャッチボールというかドッジボール。聞いていないどころか攻撃的ですよね。

　こういったお粗末で恥ずかしすぎる失敗を数多く繰り返すには理由があって、とにかく手元の台本を追いすぎているからなんです。これに気づけるには1年くらいかかった気がします（もっとかかってる！　という声が聞こえてきそう…）。何度も教えつつも自ら気づけるように根気強く付き合ってくれたスタッフには頭が上がりません。

　友達となら無意識にできる【会話】というキャッチボール。これが仕事となるとギクシャクしたり上がっちゃったりすることってありませんか？　「これだけは絶対に聞きたい」ということだけ記憶したら、あとは自然とボールを投げてみると成立したりするものです。一番大切なのは、肩の力を抜くことなのかもしれません。

滲み出る説得力

これは近年取り上げられるようになってきましたが、日本では有名人の政治的スタンスや信仰する宗教についての発言がタブーとされがち。人前に出て影響力がある者が、それぞれの自由とされる考えを左右させるのは良くないからということでしょうか。

いわゆる海外セレブといわれるアメリカなどの著名人たちは、クリスマスやハヌカをSNSでも祝い、オープンに政治家を支持します。海外に遅れを取るまいとする風潮がなんとなくそれを「進んでいる」と捉えがちですが、そこに倣って真似する必要はないと感じます。

郷に入っては郷に従え。主張が強すぎない心地良さから生まれた日本の美しいものってたくさんありますよね。〝詫び寂び〟の文化。

ですがもちろん思いや考えを、強く持つことは大切。それは自然と出てくる言葉につながるから。

先日、選挙の面白さを伝えるライターの畠山理仁《みちよし》さんと話していた時、気になる候補者は少しでも良いから街頭演説などで必ず〝見て〟〝会う〟ことをオススメしていました。それは日頃から私も強く思っていることだったからか「お買い物する時も必ず見てから買いたいですもんね」と無意識のうちに返していました。すると「そうです！　大根1本を選ぶにもキレイな面だけ見せてないか手に取りますよね？」とわかりやすく例えてくれました。

私自身も日常生活で不満や謎を感じる度に、選挙に行く必要性や有権者としてできることの責任を痛感していました。ですが周りに選挙に行け行け言うとちょっと鬱陶しがられるので内に秘めるようにしています。そんなことで嫌われたくないですし。

自分の思いを外に出すのが苦手な人ってたくさんいます。なんでもかんでも発言、発信することばかりが正解ではないし、自分の中に軸があることを忘れなければ大丈夫。

端々から滲み出るものほど説得力があったりします。

無意識の「基本」

ある日、昔からよく行っていたパスタ屋さんに久しぶりに行くとメニューが少し変わっていました。大好きだったいつものメニューがリニューアルされていて、アレルギーが出てしまう食材が追加されていたので抜いてもらえるか聞くと、

「基本的にはできないんです」

と言われました。記憶している限りだと、増量はできないけど抜くことはできたお店だったのですが、それはさておき「基本的には」できないってことは、その先に「応用的には」何かができるのだろうか？　と感じる返答に、つい言葉が詰まってしまいました。

たしかに「できません」だとキツい印象があるし「致しかねます」だとなんだか慇懃無《いんぎんぶ》礼《れい》な感じ。なんでもいいから枕詞があったほうが余白や柔らかい印象（？）があると思って多用される言い回しなのかもしれません。でも基本には応用があるし、原則には例外があって、ついその先を待ってしまいませんか？　飲み会ノリで返すならば、

「からの〜？」

といきたいところですが、おとなしく他のものをいただきました。

接客業界から生み出される独特の用語やフレーズ。日々触れて耳に慣れてしまう言い回しは多いですが、異なるビジネスシーンや大切な場面で誤って使わないように気をつけたいです。

スターこそ謙虚

毎日「はじめまして」で緊張する仕事をしていますが、本当にオーラが見えそうな【スター】の方とお会いする時は一段と緊張します。皆同じ人間とはわかっているのですが、成し遂げてきたことや、私自身に思い入れがあったりファンだったりするといつものように振る舞えるか心配になることも。

竹内まりやさんをインタビューした時のこと。リリースされた曲についてのお話もたくさんしてくださり、プライベートでは母親として生きてきた時間はとても素晴らしいものだと仰っていました。

母になってまだ間もなかった私は、まりやさんが親友といえる仲間はもともとママ友だったという話を聞いて、ママ付き合いをすることに前向きになれました。そして私が『シングル・アゲイン』がすごく好きとお伝えすると、

「さや香さん帰国子女なのに珍しい。あの曲はちょっと日本っぽい感覚なのに」

と驚きの返しをされました。その後も私の住んでいたミシガン州はどんな場所なのか、

どうしたら英語が上手くなれるのか、など次々と聞かれ、衝撃と感激に挟まれ言葉を失いかけました。

こんなスターの方が、前もって私について下調べを⁉

でも同時に思い出したのです。加山雄三さんをスタジオにお迎えした際も、「さわやかさや香だね、いい名前。O型の子は気が合うから好きなんだ」と言ってくれたことを。その時も、私が大学の後輩で日吉キャンパスの並木横のグラウンドのベンチが好きだという話を調べていてくださり、早々に盛り上がりました。

スターだからこそ、空気が和らぐことの大切さを誰よりも知っている。そしてどんな仕事でも、誰よりも前準備を大切にしていることを肌で感じることができました。謙虚でいることは、いつだって忘れてはいけませんね。

痩せててもいいの

最近、10年ほどやりたいやりたいと言い続けてきたベリーダンスをやっと始められました。仕事や子育てとは、こんなにも早く時間が経ってしまうものなのかと驚愕ですが、何よりも身体が動かせて嬉しい日々です。

4歳からクラシックバレエを習ってきたので基礎はがっちりできているものの、バレエは他のジャンルへの転換がとても難しいと言われています。まさに予想どおりで姿勢は綺麗に作れるものの、私にはベリーダンスで重要となる色気の部分が笑っちゃうほど抜け落ちている。

それでも良いんです。大きな鏡に囲まれたスタジオで、指の先からつま先まで神経を集中させる姿と向き合う。その視聴率は１００パーセント自分だけで十分。

今日も理科室の骨格模型はルンルンとスタジオに繰り出します。

病まない生活

ベリーダンスを始めた頃からさらに気持ちが健康的になった気がします。もともと心の状態が弱っていたわけでもないのですが、友達から受ける悩み相談にもカラッとした考えが出てくるようになった肌感覚。

それもそのはず。毎日子どもと早起きしてバタバタ出かけて働き、合間を縫ってダンスレッスンを楽しむ生活の中で、あまり小さなことでうじうじ悩む気になれないのです。オンとオフの切り替えがあるからメリハリも出てきます。

かくいう私も悩まされる異性と会っていた頃はいつも夜遅くに得意でもない駆け引きを携帯片手に考えていた気がします。マジで暇でした。

多忙で早起きで趣味を楽しんでるけど心が病んでる人なんていませんよね。頑張る方向を間違えないように、暗くなったらさっさと風呂入って寝ましょう。

季節のしつらい

一年を通して番組リスナーからのメッセージに触れていると、いかに自分が年中行事を大切にしてこなかったかに気づかされます。部屋の中がゴチャゴチャするのが嫌なので何も飾らず「雑煮食べて、お粥食べて、団子食べて、蕎麦食べとけばオッケー」くらいにしか思っていないただの食いしん坊でした。そもそも季節を感じていたのか疑問ですね。

ですが何年か続けて冬至《とうじ》に柚子湯のメールを読んだりリポートを聴いたりするとお風呂に柚子を入れたくなるし、7月になるとスタジオに出現する笹に短冊をくくり付けるのが楽しみになります。

こうして毎年続けることが文化を大切にすることなんだなぁと改めて感じるようになりました。そして年末には母から送られてきた大きなアドベントカレンダーを飾り、華やぐ色合いを見て、

「うん、いいね！　12月って感じ」

とか言っちゃってます。季節を楽しめるって気持ちがゆったりして良いものです。

思い立ったが吉日

行動力がある人って魅力的。人にオススメしてもらった物や場所をすぐチェックしに行くと、次に会った時にその話で盛り上がります。そしてそこからさらに派生する新たな情報に出会えたり、仲も深まったりして良いことずくめ。

逆に教えてもらったり教えたりしたことをいつも聞き流すのに、同じテーマが上がる度に何度も聞く人ってちょっと残念。教える側も興味を持たない相手に労力は使わないですよね。

銭湯はしご酒研究家の木村歩《あゆむ》さんが教えてくれた「横浜市鶴見区の朝日湯からの大番という立ち飲み屋コース」は行こうと思いつつ何か月も経ってしまい、ある日調べたら立ち飲み屋が休業になっていて打ちひしがれています。

結局【いつか】と【オバケ】っていないんです。後悔しないためにも常にフッ軽でいたいですね。

比べて保って

休みなくバリバリ働く男友達にお子さんが産まれました。男性でもようやく育休が取りやすくなってきた世の中のおかげで、赤ちゃんと過ごす時間がたっぷり取れるようでした。が、連絡をする度に、

「とにかく寝れなくてヤバい」「これ、一人で朝の仕事しながらどうやって生きてきたの？」と悲痛の声が返ってきます。

物知りで頭脳明晰で何事もスマートにこなす彼が、何度も夜中に起きて涙しながらミルクを作っていると聞くと、申し訳ないけど想像してちょっと笑っちゃうのですが、やはりいたたまれなくもなります。

人は慢性的に寝られない状態が続くと、余裕がなくなり気がおかしくなりそうになります。でも夜泣きがある以上は眠れません。私の場合は1時間半おきの激しい夜泣きが1年半続き体重は36キロまで落ちたので、それに比べたらマシだと思ってみるといいよと伝えました。

他人と比べたって意味がないことくらい、誰だって十二分にわかっています。でも乳幼児の子育て中ってずっと緊急事態みたいなもの。

私は朝5時台の電車にベビーカーを押し5路線乗り継いで職場に向かっていましたが、毎朝ラッシュ時に子どもを連れて乗るよりうんとマシと思って心を保っていました。

折れそうな気持ちが少しでも癒せるのなら、ためらわず比べれば良い。自分のほうがまだラッキーだと思えば心が保てる時もあります。でも赤ちゃんが横で寝ている方は、とりあえず今すぐこの本を閉じて寝てください。

一緒に夢中

ある冬の週末、とても寒い日が続いたので外出を断念して家で息子と遊ぶことにしました。公園にもどこにも出かけない土日なんて赤ちゃんの時以来かもしれません。

宿題や勉強を終えブランチをし、さて何をしようと考えた結果、とりあえず塗り絵をすることにしました。プレゼントでいただいた『空想街雑貨店の旅する塗り絵』があったことを思い出したからです。小学2年生の男の子でもまだまだママと一緒に喜んで何かをしたがることにほっこりしたのも束の間、想像をはるかに超える細かい作業と難易度の高さに完全に我を忘れ夢中に…。

そしてお互いにブツブツと独り言を繰り返しながらA4サイズの絵を塗り終えた時には気づけば3時間半も経っていました！　恐るべし塗り絵。でも不思議なことに、私のもとにやってきたのは達成感と爽快感でした。

同じ公園に毎日でも行きたがる子どもに付き添っていると、見守りつつもつい携帯をいじってしまう気持ち、よくわかります。でも子どもたちはもしかしたら毎回違う色の世界を見つけているのかもしれません。

一緒にのめり込める共同作業は宝物です。そのうち味わえなくなるのなら、早く気づけたもん勝ちですよ。

間接的な力

自分の悪口が聞こえてきて気分が良い人なんていません。でもいつも不思議に思うんです。なんで悪口を言っている本人ではなく、回り回って第三者から聞いているはずなのに、嫌な気持ちになるんだろう？　だって裏取りしてないですよね。

本人確認していないのに妙に信憑性があったりするのがウワサ話。

だから私は逆にそれを利用して、人を褒める時は第三者にもたくさん言うようにしています。良いところも広まるし、回り回ってお世辞を伝える意味なんてありませんからね。信憑性っていうより真実です。

実を結ぶ時

私は今のラジオ番組を担当するまえ、『グリーンチャンネル』という競馬チャンネルで地方競馬の番組MCをしていました。もともと芸能活動をするまえから大井競馬場に遊びに行くのが好きだったので、その業界で仕事をいただけたことがとても嬉しかったです。そして出産を機にグリーンチャンネルを外れ、半年後に今のラジオ番組を担当することになりました。新しい職場になる度に、いつも最初は右も左もわからず無我夢中で頑張り、振り返ってもあまり覚えていない日々を過ごします。

ラジオでも3年ほど経った頃、気持ちや時間に少し余裕が持てるようになってきたので「もっとこうしたい」「こういうところと一緒に仕事をしたい」と欲も出てくるようになりました。そしてそんな私のワガママを聞いてくれるスタッフたちのおかげで、なんと県内の川崎競馬のコーナーが始まることになったのです。何年も頑張って勉強していた業界と、その後入って頑張っている業界がつながった瞬間…えもいわれぬ高揚感を覚えました。

一つ一つ目の前の仕事に取り組むのは当たり前ですが、その点と点が線でつながると、今までの努力が認められたような気持ちになるものだと、この時初めて噛みしめました。

この先どんな場所に行っても胸を張って目標や楽しみを持てるようになれたこと、そして今までのすべての出会いに感謝です。

ピカピカな自分

私は掃除が苦手です。でも、汚部屋だったことはないし、綺麗にはしたいのでいつも嫌々やっています。そして一人暮らしではなくなり子どものお手本にならないといけないこともあり、どうしたら楽して綺麗に保てるかをいつも考えています。

今までさまざまなお掃除プロの方をゲストにお迎えしてコツを聞いてきた中で、心に残って実践していることがあります。それは〝輝くべきところは輝かせること〟。

掃除の中でも一番厄介なのが水回り。蛇口やシャワーヘッドなどステンレスの部分をピカピカに磨くと良いと教わりました。試しにステンレス部だけ手を入れてみると、驚くほどの変貌を遂げました。ちなみにステンレスの水垢は意外なことに、ティッシュで綺麗に磨けます。

そしてもう一つ輝くべきなのは鏡。我が家は洗面ボウルの前の部分まで鏡張りなおかげで、手洗いで跳ねる水が見事に水垢を形成します。一日に何度も何度も鏡を拭く作業は時給が出ても良い気さえしてきたので、先日いよいよ島忠ホームズで可愛いタイルシールを購入しました。

せっせと鏡に貼り付けること小一時間。それはそれは清潔感ある素敵な洗面ルームになりました。何度手洗いしても顔をバシャバシャ洗っても水滴なんて全然見えない！　もっと早くやれば良かったと後悔するほど気に入りました。

楽するために行動するって大事。リフレッシュにもなるし、磨くなら自分を磨いて輝く時間に回したいですよね。

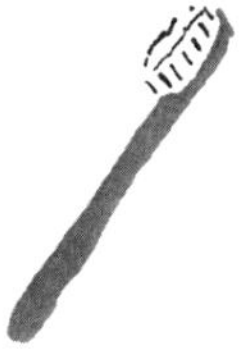

個人情報の時代

個人情報への意識は近年非常に高まっています。悪用されたり、最悪の場合、犯罪につながったりすることもわかってきているため、全体の意識をもう一段階引き上げる必要がありますよね。

ただ、一体どこまでバリアを張れば良いのか正直わからないことも多いです。例えば保育園や学校で子どもがクラスメイトからケガをさせられた際に、先生から受ける報告。故意でも故意でなくても、相手の名前を絶対に教えてくれません。

個人間のトラブルを避ける計らいなのかもしれませんが、私はいつもこれにモヤッていました。なぜなら逆に自分の子どもが相手にケガをさせた場合、何も知らずに過ごしたくないからです。子どもは聞けば普通に名前を教えてくれます。すると自分だけが知らずにそんな目で見られ続けるかと思うと、とても嫌。謝れば済むわけではなくても、何もしないでいるなんて余計に居心地が悪い。

私は幼稚園時代、お友達の髪をハサミでガッツリ切ってしまったことがあったそうです。

リカちゃん人形の髪を切る遊びを覚えた頃でした。母は園から報告を受け、大至急、菓子折りを持って相手の子のお宅に謝罪に飛んでいったそうです。

わざとじゃなければお互いに起き得るトラブル。傷つかないよう、傷つけないよう、生きる日々は今も昔も同じはず。個人情報問題との付き合い方、非常に難しいですね。

居場所探しと自分磨き

なぜだか、ふと漠然と不安になる時ってありますよね。

周りに迷惑かけてないかな…？
私の特技って何だろう…？
そもそもこの仕事向いてる…？

こんなことを考え始めるとキリがないし、「ドツボにハマったら大変な上に自意識過剰だな」と思考をストップするわけですが、ある時ハッとさせられたことがありました。
番組でSixTONESの髙地優吾《こうちゆうご》くんをインタビューする機会が何度かあり、毎回お話がとても上手なのでそういったレッスンを事務所で受けてきているのか聞いてみました。すると彼は恐縮して自分はまだまだ至らないという気持ちと、得意と言えるようになりたい仕事を具体的に語ってくれました。メンバーそれぞれが強みを活かしている中で、自分の居場所を明確にするためにも目標を持って努力をしている話に、私はただただ感心しました。ドームを満員にする大人気グループのメンバーがこんなにひたむきに自分磨きをしているんです。だったら誰にだって自信がなくなる時くらいあって当たり前。とことん不安と向き合ってみれば良い。そこで一つでも自分の強みに気づけたら、新しい道筋が見えてきます。

また目標を作ればそこに向かって頑張れます。どこに進めば良いのかがわかれば漠然とした不安は生まれないんですよね。迷子にならないために、小さなことで良いから自分の〝好き〟や〝得意〟を見つけてみよう。

世界一美味しい幸せ

「こんなに工程が多い料理、さや香が来ないともう作らないわ」と、年に二度ほど帰省する私に言いながら作る母の春巻きは、世界一美味しい料理です。

まず一日の早い段階から干し椎茸を水に漬けて戻しておきます。その他の中身の海老と筍と人参と、戻した椎茸を刻み、ごま油で炒めて醤油や塩胡椒、鶏ガラスープと椎茸の戻し汁で味つけします。この椎茸の出汁が恐ろしいほどの仕事っぷりを発揮します。お肉や春雨は入れません。出来上がった餡は冷めるまで待ち、そこから春巻きの皮で包んで最後は揚げる、というなんとも手間のかかるご馳走！

大皿に山のように重ね揚げられた黄金色の春巻きは、何度見ても垂涎モノ。酢醤油で食べるのですが、しっかりと味つけしてあるので、何もつけなくても美味しくて毎度涙が出ちゃうほどです。そして残っても翌朝しんなりした状態の春巻きというのが、これまた幸せの上塗りをかましてくるほどの強烈さ。料理に味が入るのは冷める時とはよく言ったものので、煮物やカレー同様、翌日の美味しさはえもいわれぬ存在感。持ち帰ってからも実家のパワーを放ってくる代物です。

こんなに暑苦しく母の料理を説明したのは初めてですが、食事は心を満たす幸せの魔法です。そして【美味しいごはんを食べること】よりも【ごはんを美味しく食べること】はもっと幸せなこと。

どんなに辛い時も悲しい時も、素敵な食事を心がけてみると、結構乗り切れちゃったりするかもしれません。

守るためにも開く

日々、無意味に傷つかないように生きている皆さん、本当にお疲れ様です。社会の荒波に揉まれ、思いもよらないほうから吹く風は冷たく突き刺さることも。自分を守るためにできることは意識しやすいけれども、ちょっと視点を変えて、自分が他人にできることってあるのでしょうか？

大学時代、友人が憧れていた応援部の先輩と初めてデートに行った時の話をたまに思い出します。何日もまえからウキウキしていた彼女が、デート後はなぜかテンション低く興醒めでガッカリ状態。話を聞くと、その先輩は終始、携帯をカチカチカチカチ（当時はガラケー）いじっていたというのです。先輩がどういう気持ちでデートに行くことにしたのかは知りませんが、ちょっとどうなの…というレベルで、歩いていても食事中でも携帯を触っていたそうです。たしかにそんな態度じゃドン引きですよね。なぜ来た？

その時の話が忘れられず、私は人ときちんと話している時には理由もなく携帯を開かないようにしています。当たり前なようで周りを見回すと意外とそうでもない世の中なんですよね。

そしてお手洗いなどで席を立つ時も、信用できる相手の場合はなるべく席に置いていくようにしています。これは治安の良い場所でしかできませんが、相手に心を開いているという示し方の一つかな、と勝手に思っています。

傷つかないために自分を守るのも、傷つけないために心を開くのも、もしかしたら同意義なのかもしれないな、と思う日々です。

会える幸せを

2024年の始まりは、大きな災害や事故が相次ぎ、心を痛める日々が続きました。これを書いている今も苦しんでいる人たちが数え切れないほどいらっしゃると思うと、いたたまれなくなります。

近年はさまざまな形でドネーション（寄付、寄贈）ができるようになり、情報が素早く拡散されることで行動のハードルがぐんと下がりました。世界中から支え合いの精神が見えるのは一縷の光に感じられます。

でもこんな時だからこそ、他人のためにできることをしたあとは、自分のケアもとても大切です。情報過多になりがちな世の中では、辛い気持ちを簡単にもらってきてしまいます。つられて苦しんでいるうちに、目の前の幸せに気づけなくなってしまうのは本末転倒ですよね。

生きている限り、大好きな人、大切な人とたくさん会いましょう。東日本大震災の時、私は一人で地下鉄の駅にいましたが、仕事現場に辿り着いて見慣れた顔をいくつも確認した途端、安堵で涙が止まらなくなりました。自分でも驚きつつも、無意識のうちにここまで神経が張り詰めていたことを知りました。

目の前の忙しさでつい忘れてしまいがちな日常の幸せを、改めて大切にしたいですね。

コミュ力

人との関わりは主に会話です。私は幼少期から親に「寝てる時以外うるさい」と言われていたほどよく喋るので、人と会って話すことがとても好きです。さらに大勢でワイワイ騒ぐのが好きなことも相まって、比較的友人が多いと言われてきました。

「コミュニケーション力が高い」なんてよく聞くフレーズですが、自分はあまり当てはまらないと常々思ってきました。〝コミュニケーション力〟とはどんなことを指しているのでしょう？　ただ口を動かして一方的に喋りを垂れ流し続けるのは、なんとなく〝コミュ力〟とは違う気がしますよね。そこで打たれる相槌は共感ではなく、気まずくならない程度の返事の可能性が高いですし。

私の親友は非常に口数が少なく、会っても大抵9割は私が喋っています。ネイリストをしていて毎日何人ものお客さんと約2時間ずつ向き合っていますが、永遠とオチのない話を一方的に喋り続ける人がいるという話を聞いた時に、ふと気づいたことがあります。そんな人を相手にも動じず、むしろそのまま話させ続けられる親友こそ、コミュ力が高いのでは？

コミュ力って〝目立たないこと〟。全体と調和できることが必要不可欠。私にはちょっと黙る練習が必要かもしれません。

できないことができる未来

小学校2年生の息子がある時、「空飛ぶ車って大人になったら乗れるかな」と言いました。ドラえもんの世界で目にするアイテムは人が未来に想像する物で、便利を追求する世の中でそれに近いものを造ろうとするのは自然なことかもしれません。

先日、飲み終わったお茶のペットボトルをゴミ箱に捨てようとしたら、それを取り上げてキャップとラベルを外して「こうやって分別して捨てるんだよ」と息子に言われました。意識の大きな差に驚いて自分を恥じ、同時にきちんと環境を意識して育っている今の子どもたちがこれからの世界を作っていくのかと思うと頼もしい気持ちにもなりました。

そしてさらに年末にテレビを見ていた時、日本の〝詫び寂び〟の魅力について海外の観光客がそれぞれの思いを話していたのを見て、「この詫び寂びっていうのはＳＤＧｓだね」と言っていました。古い物にも良さや美しさを見出す考えは、なんでも捨てずに再利用を試みるＳＤＧｓと同じだと感じたようです。

自分が暮らす地球の問題を、ここまで自分ごとにして生活している世の子どもたちには尊敬しかありません。子どもの言葉や発想で私たち大人はこんなにも前向きになれます。

一年後、十年後、百年後も生きていたいなぁ。

好きがいっぱい

毎日たくさんの方とお会いしてその方の知識や作品をお伝えするこのお仕事で、一番大切にしているのは前準備です。見て、読んで、聴いてくる。そしてその中で〝好き〟を見つけます。必ずどんな人にでもいくつもの魅力があるので、これは実は簡単な作業です。

突然ですが、私は昔からアイドルが好きです。見たり真似たりするのはもはやライフワークで、母親から聞く話でもテレビで歌う中森明菜さんの『DESIRE』を真似る幼稚園児だったようです。10年経つと毎日のように安室ちゃんの曲を聴きながら踊り、また10年経って大学に入っても一人暮らしのワンルームで松浦亜弥さんの振り付けを覚えて歌っていました。しかし実際にアイドルグループに入ってみると、そんなに向いていないことに気づきました。

でも下手の横好きですね。執着と執念で業界になんとなくフワフワと浮遊し続け、気づけばそういった魅力的なアーティストの方たちから話を聞ける仕事に就いています。そして〝好き〟に溢れてとても幸せです。

推し活、いわゆるオタクは強いですが、そうでなくてもふんわりとした〝好き〟をたくさん見つけて囲まれてください。幸せな空気をまとうことで、自分を包む環境は必ず変わると私は思っています。

嫌いこそ挨拶を

どうしても好きになれない、それどころか〝嫌い〟な域に入る人や物って、残念ながらいますよね。こればかりは仕方がないです、感情のある人間ですし。

そしてこれまた大人だから仕方がないことに、嫌いでも仕事などで関わりを避けられないこともあります。そんな時こそ【挨拶】です。

例えば嫌がらせをされたら、そりゃあ仕返ししたくもなるし、わざと無視されたら同じように無視しようと思う時だってあります。が、そこだけはぐっと堪えて【挨拶】だけしましょう。「相手のレベルに下がらない」「同じ土俵に立たない」なんてよく言いますが、そちらの土俵でもしっかりとご挨拶だけは、かましてやりましょう！　するとその土俵周りにいる人の目に映るのは〝常識のあるあなた〟の姿です。

万が一何かが起きた時にも、判断材料がきちんとできます。第三者から見て、当たり前のことができている人を正しく評価するのは普通のこと。挨拶をして悪く言われることはありえません。

挨拶は最大の防御、そして明るい未来への種まきです。ただしとんでもない嘘を広められた時は、直ちに偉い人に訂正をしつつ「困ったよぉ」とチクリましょう。

強すぎてもね

電車に乗っていると、たまに本気で1から化粧をしている人、いますよね。まさかのベースメイクから始まりアイシャドウからアイライン、アイブロウまで施し、なんなら髪を梳《と》かしたりヘアアイロンまで出てくる四次元ポケットみたいなカバンが床に置かれていたり。中には最後にコロンまで振りかけちゃってる猛者も…強烈すぎる。

幼少期に、口紅を塗ると車両がガタンと揺れた時にはみ出してクスクス笑われる新聞の4コマ漫画を見た気がするのですが、時の流れの早さたるや。

でもこれは、傷つかないように自らの心を守って強くなった結果ではなく、もともと強靭なだけ。むしろもう少し脆くなったほうが良いパターンな気すらします。

身だしなみを気にするのは非常に大切なことだけど、TPOはわきまえたいですね。心臓が強すぎても考えもの。しなやかでしとやかな心も大切にしたいところです。

You are what you eat

幼い頃、風邪を引いた時に母親に作ってもらった温泉卵の味を、たまに思い出します。体が弱っている時や寝込んだ時は、胃がびっくりしないものが良いと、お粥やスープ、すりおろしたりんごなどを出してもらった記憶がある方も多いかも。

ですが8歳年下の弟は、私よりもさらに小さい頃からアメリカで育ったからか、まったく違うスタイルで回復をしていました。とにかく食べられるものを食べさせるという考えのホームドクターだったのか、具合が悪いならマクドナルドのハンバーガーセットでコーラ！　にわかに信じられませんが、これを食べてパワーをつける派だったようです。

先日息子が風邪を引き、お粥や柔らかく煮たうどんは食べたくなさそうだったのでリクエストを聞くと、「ファーストキッチンのバター醤油ポテトとチキンナゲットなら食べる」と言うのです。私の常識と逆行してるなぁと思いつつもデリバリーすると美味しそうに食べる姿を見てホッとしました。

健康とは美味しく食事を楽しむこと。これを痛感するのは体調を崩した時。大切な家族なら、できることなら代わってあげたいと心底思うほど心配ですよね。

私の飼う猫（16歳）も体調が優れず、病院に通う日々ですが、ちゃんと食べてくれるものがオヤツのちゅ～るだけならそれでも良いから食べることを最優先してと言われました。

自分の口で食べることの大切さ、生きることの尊さを目の当たりにしている年明けです。

大人になってもやる気スイッチ

「緊張したけど話しやすかったです」
「たくさん話を引き出してくれて助かりました」
「興味を持って聞いてくれて嬉しいです」

出演後、ありがたいことにこういった感想をゲストの方からいただけることがあります。なんともインタビュアー冥利に尽きるお言葉。私は小躍りしながら謙虚という羽織を脱ぎ捨て、仲の良い友人に自慢すると「それは誰のこと?」「話を引き出す?　いつも人の話、聞いてないよね?」と一刀両断バッサバサ。なんということでしょう。

たしかに生まれてこのかた、気の置けない友達から〝聞き役〟と思われたことはない気がします。家族での食事中はいつも弟には隙を与えないテンポで話し、なのに食べるのも早いので終えると益々ぺちゃくちゃ一方的に喋っていたような気がします。弟可哀想。

母からは外面が良いとよく言われ、この仕事に就いて喋ることは向いているかもしれないけど、物を知らないともしばしば言われていました。中学生の頃、アメリカで暮らしていたので日本のことをあまり知らないという話の流れだったか、夕食中にふと「私、河童をまだ見たことないんだよね」と言って空気が一瞬止まったあと、大爆笑が起きたことをいまだにネタにされます。当時はムッとした記憶ですが今となっては面白恥ずかしい思い出。

言葉を一つ一つ選びながら伝える人前でのオンの顔と、完全に気を抜いて好き勝手言うオフの顔。時には裏表があっても、使い分ければ悪いことじゃない。自分を演じすぎてストレスを溜め込むより健康的だし人間的だと自分に言い聞かせています。

はっきりとオンオフがあればやる気スイッチもつけやすいですよ。

命のこと

いつからだろう、「死」を怖いことだと認識したのは。

幼い頃見たドラマや映画の怖いシーンの影響か。ミステリーやサスペンス小説を読んで想像が膨らんだせいか。私はいつしか未知の次元を恐れるようになっていました。そしてディズニー映画の『ライオン・キング』で父ムファサを亡くすシンバを観た時〝悲しい〟という感情もセットでついてきて、なんだかできれば一生避けたいものだと思いながら今まで生きてきました。それでも命には終わりがあるわけで、その感情は30代を間もなく終える今になって、ふと形が少し変化したように感じます。

先日祖母が亡くなり、最後のお別れにどうしても顔を見ておきたく駆けつけました。10年以上まえに祖父たちが亡くなった際はただただずっと泣いていたのですが、今回、祖母に死に化粧をする際は納棺師の方に手伝わせてもらったり、祖母の手や顔に触れたりすることができました。生まれて初めて冷たくなった体に触れたことで、帰り道では祖母の生きてきた時間や歴史に思いを馳せることができました。

こう考えるようになるのに40年近くかかったわけですが、死との向き合い方が自分にとって一つの成長のように感じられました。そう何度も経験するものではないかもしれないけれども、敬う気持ちを持ってきちんと向き合い、たくさん泣いて思い出し、そして同時に息子にもその姿は隠さず過ごしていこうと誓いました。

認める強さ

しかし〝40年近く〟なんて書いておきながら改めて「もう40!?」という気持ちになるものですね。よくある〝アラ○○〟っていう切り捨てスタイルもやめてほしいけども、区切りの良い数字になるとそれはそれで「区切らんでヨシ」とこれまたワガママを言いたくなるもの。

これはうすうす感じていることですが、年を重ねるにつれて怖いものって減る気がしませんか？　年々、「わからない」「知らない」「できない」が言えるようになってきた気がします。格好つけなくなったという感覚でしょうか。小学2年生の塾の問題が難しくて答え合わせに手こずった話をママ友にしながらハッと気づきました。

何年もまえの自分だったら、そんなこともできないって思われたくない気持ちが先行していたでしょう。機種変更した携帯の設定が上手くできなくて友達に「できないから助けて～」なんて今までだったら言えなかったでしょう。「白湯メイクってベース何使うの？」なんて若い学生に聞けなかったでしょう。

人に聞くってなんだか恥ずかしいってどこかで思ってたから。息子にはわからない時は恥ずかしがらず先生に聞くように言ってるくせにね。

でも、わからないと認めるのは強さです。やっぱり時間って有限。臆病になっているのはもったいない！　一つでも多く楽しいことは経験しておきたいですよね。

三つ子の魂百まで

派遣や単発の仕事などをしながらお金を貯めていた23歳の時。アルバイト先の友人から、実家のお庭で野良猫が仔猫を産んだので引き取ってもらう先を探していると聞きました。

写真を見せてもらうとそれは言うまでもなく可愛いの大集合。実家で飼っていた猫と色が似ていたのも相まって飼うと決めた私は、生後2か月で福井県から上京してきたその仔猫を【ぱぺ】と名づけました。幼少期のさや香語で〝鼻〟という意味。ぱぺはお鼻が黒い猫なんです。

どう教えても噛み癖は治らず私の腕はいつも傷だらけ。自分が汚すのにトイレは絶対砂かきをしてくれず、隙あらば玄関から脱走します。猫なのに足音をさせながら歩くし、腕力強めの猫パンチもしょっちゅうお見舞いしてくれます。ですが頭突きかと思ったら甘えのすり寄りで、帰宅して扉を開けると大抵お迎えに出てきてくれる、ツンデレがすぎる仔。

息子が生まれると戸惑いつつも寄り添ってくれ、大きさもとっくに越され老猫となった今もよろよろとツンデレしてくれています。

間違いなく私の20代からの一番のパートナーであるぱぺは、名づけた時からなんにも変わらず可愛いままです。

ペットがいる暮らしって、純粋に最高です。

自分の代わり

自分の代わりって、いると思いますか？

いると思っても、いないと思っても、正解であり不正解な感じがする。例えば仕事なら、楽しくなるほど気づかないうちに代わりが利かないと思ってしまう。もしくはそう思いたくなります。

毎朝喋る仕事が始まって1年少し経った頃、声帯結節《せいたいけっせつ》になりました。リズムを掴み出すと張り詰めていたものが少し緩み、やっと身体が疲れを出せるようになったのかもしれません。その後もインフルエンザやコロナにも罹り、その度に絶望し、関係者に申し訳ない気持ちでいっぱいになっています。

ですが休んだ日にベッドの中で、代演してくれる方とリスナーの皆さんとのやり取りを聴いていると、気づけることや吸収できる学びがたくさんあるんです。そして心配してくれる方たちの優しさにも触れられて、もう怪我の功名ですね。

体調管理で責めても仕方がない。心掛けているならどこかで自分を許してあげないとキリがない。そして人は風邪を引くもの。病気にだってなるもの。そう割り切って仲間を思いっ切り頼るのもチームワークだと思っています。ことお仕事に関しては、自分の代わりはいると思って取り組むほうが、心が晴れやかに過ごせる気がします。

奇跡

完全に同じ毎日を過ごしている方はあまりいないかと思いますが、人はルーティンや似たようなリズムを作ることで心や身体が安定します。

先日ゲストにお迎えした夏木マリさんは、去年デビュー50周年を迎えた今でも目まぐるしく毎回違う現場へ向かい、もうその後は会うことがない人が多いと仰っていました。そんな中でも毎日お花を飾り、きちんと朝食を摂ってリズムを整えながら一番大切にしているのは【人とのご縁】だそうです。

「出会いは奇跡みたいなものだから」と言うマリさんが輝き続ける理由がわかった気がする言葉でした。

この本を手に取ってくれたあなたとのご縁も同じ。ありがとうございます。

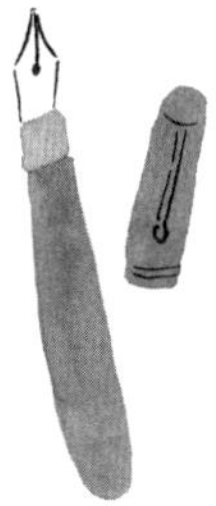

おわりに

生きていると「やらないといけないこと」がたくさんあります。そして疲れやストレスは無意識のうちに蓄積されることが多いなぁと感じます。でも美味しいものを食べたり温かいお風呂に浸かったりすると、本当に幸せな気持ちになりますよね。それは十分に頑張っている証拠。毎日ひとつでも多く〝好きなもの〟や〝好きなこと〟に触れるようにして、できるだけ楽しく一日を終えてください。

この本を書き始めてからは毎日、大切にしていることや面白かった過去の出来事を思い返し、自分と向き合う貴重な時間になりました。真面目な話から恥ずかしい話、気づいたことや教えてもらったこと。こんなにいろいろあればそりゃ毎日忙しいし騒がしいし飽きないわな、と。

そして読み返してみても、ほとんどのエピソードは、愛猫と共に暮らしていた時間でもありました。そんなぱぺちゃんが、本編を書き終えるのを見届けてくれたかのように亡くなり、私は涙を流しながらこのあとがきを書いています。

感情も大忙しです。誰が遊びに来ても玄関まで挨拶に出てくる社交性の高い仔だったので、たくさんの人から連絡やお花をいただきました。間違いなくいつも〝傷つくまえに〟〝疲れるまえに〟大きな癒しをくれた存在でした。

これからは、これまでの経験や発見を胸に、心が折れないようたくさんの〝好きなもので自分を包んであげようとより強く思えています。毎日を楽しく過ごすためにあなたもぜひ見つけてください。笑って癒す護心術を。

2024年3月吉日
近藤さや香

Special Thanks

いつも聞き役になってくれる私の友人たち

Lovely Day♡チーム

リスナーのみなさま

マネージャーAさん

編集者Iさん、Yさん

パパ ママ

我が息子

ぱぺ

近藤さや香

（こんどう　さやか）

1984年生まれ。愛知県出身。幼少期をアメリカ・ミシガン州で過ごす。慶應義塾大学文学部卒業。2009年から2012年まで、アイドルグループ・SDN48の一期生として活動。現在はFMヨコハマ「Lovely Day♡」（月～木9時～12時）でラジオパーソナリティを務める一方で、働く一児の母として子育て世代から広く支持されている。特技はネイティブの英語。趣味は読書、書店めぐり、立ち飲み、競馬。セント・フォース所属。

X（旧Twitter）@sayakakondo_tw

Instagram　@sayakakondo_official

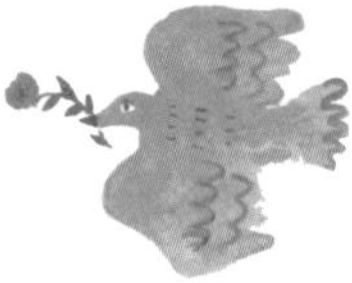

助けがたくさん降り注ぐ
しあわせ護心術

2024年4月10日　初版発行

著　　者　近藤さや香
イラスト　植松しんこ
装　　丁　濱中幸子（ハマプロ）
校　　正　株式会社東京出版サービスセンター
編　　集　岩尾雅彦／吉岡萌（ワニブックス）
協　　力　株式会社セント・フォース

発 行 者　横内正昭
編 集 人　岩尾雅彦
発 行 所　株式会社ワニブックス
〒150-8482
東京都渋谷区恵比寿4-4-9えびす大黒ビル
ワニブックスHP　http://www.wani.co.jp/
（お問い合わせはメールで受け付けております。
HPより「お問い合わせ」へお進みください）
※内容によりましてはお答えできない場合がございます。

印 刷 所　株式会社 美松堂
製 本 所　ナショナル製本

ISBN 978-4-8470-7419-6